D0829346

Les langues pour tous

Collection dirigée par Jean-Pierre Berman,
Michel Marcheteau et Michel Savio

ANGLAIS

Pour débuter (ou tout revoir) : • **40 leçons**
Pour mieux s'exprimer et mieux comprendre : • **Communiquer**
Pour se perfectionner et connaître l'environnement :
    • **Pratiquer l'anglais**   • **Pratiquer l'américain**
Pour évaluer et améliorer votre niveau :
    • **Score** (200 tests d'anglais)   • **Score** civilisation USA
Pour aborder la langue spécialisée :
    • **L'anglais économique & commercial** (20 dossiers)
    • **Vendre en anglais**
    • **Score commercial (US/GB)**
    • **La correspondance commerciale (GB/US)**
    • **Dictionnaire économique, commercial et financier**
    • **Dictionnaire de l'anglais de l'informatique**
Pour s'aider d'ouvrages de référence :
    • **Dictionnaire de l'anglais d'aujourd'hui**
    • **Grammaire de l'anglais d'aujourd'hui**
    • **Correspondance pratique pour tous**
    • **L'anglais sans fautes**
    • **La prononciation de l'anglais**
Pour prendre contact avec des œuvres en version originale : • **Série bilingue :**

GB	US

→ **Niveaux :** ☐ facile (1ᵉʳ cycle)   ☐☐ moyen (2ᵉ cycle)   ☐☐☐ avancé

    • **Anglais par les chansons** (GB/US) ☐
    • **Bilingue anglais scientifique** (US/GB) ☐☐☐
    • **Nouvelles** (US/GB) I, II ☐☐
    • **Grands maîtres de l'insolite** (US/GB) ☐☐

Dickens (Ch.) : Contes ☐☐	**L'Amérique à travers sa**
Doyle (C.) : Nouvelles I, II, III, IV ☐	**presse** ☐☐
Greene (G.) : Nouvelles ☐☐	**Bellow (S.)** : Nouvelles ☐☐☐
Jerome (J.K.) : Trois hommes dans	**Bradbury (R.)** : Nouvelles ☐☐
un bateau ☐☐	**Fitzgerald (S.)** : Nouvelles ☐☐
Kipling (R.) : • Nouvelles ☐☐	**Highsmith (P.)** : Nouvelles I, II,
• Le livre de la jungle ☐	III, IV ☐☐
Lawrence (D.H.) : Nouvelles ☐☐☐	**Hitchcock (A.)** : Nouvelles ☐☐
Mansfield (K.) : • L'Aloès ☐☐	**James (H.)** : Le Tour d'écrou ☐☐☐
• La Garden Party (etc.) ☐☐☐	**King (S.)** : Nouvelles ☐☐
Maugham (S.) : Nouvelles I ☐☐	**London (J.)** : Nouvelles ☐☐
Stevenson (R.L.) : Dr Jekyll	**Nabokov (V.)** : Nouvelles ☐☐☐
et M. Hyde ☐☐	**Nouvelles classiques** ☐☐
Wilde (O.) : • Nouvelles ☐	**Twain (M.)** : Nouvelles ☐☐
• Il importe d'être constant ☐☐	

Pour les « Juniors » (à partir de 8 ans) : • **Cat you speak English ?**

Autres langues disponibles dans les séries
de la collection Les langues pour tous

**Allemand - Arabe - Espagnol - Français - Grec - Italien
Latin - Néerlandais - Portugais - Russe**

P.G. WODEHOUSE

Short Stories / Nouvelles

Jeeves Takes Charge
Jeeves, occupez-vous de ça

Uncle Fred Flits by
L'escapade de l'oncle Fred

Traduction et notes
Michel SAVIO

*Professeur et chef du service
des langues vivantes et de la communication
de l'École supérieure d'électricité*

avec la collaboration de Luc Charcellay

PRESSES POCKET

Michel Savio, diplômé de langues et de communication, est chef du service des langues et de la communication de l'École supérieure d'électricité (Supélec), où il enseigne l'anglais.
Fondateur avec Jean-Pierre Berman et Michel Marcheteau de la collection « Les Langues pour Tous », il a publié en collaboration des méthodes de langues, chez Presses Pocket et d'autres éditeurs.
Il fut dataire au Collège de Pataphysique, décoré de l'Ordre de la Grande Gidouille.

© Copyright by the trustees of the Wodehouse Trust.
© Presses Pocket, 1990 pour la traduction française, les notes et la présentation
ISBN : 2-266-02901-0

SOMMAIRE

Comment utiliser la série « Bilingue » ?

Les ouvrages de la série « Bilingue » permettent aux lecteurs :
• d'avoir accès aux versions originales de textes célèbres, et d'en apprécier, dans les détails, la forme et le fond, en l'occurrence, ici, *Short stories* de P.G. Wodehouse ;
• d'améliorer leur connaissance de l'anglais, en particulier dans le domaine du vocabulaire dont l'acquisition est facilitée par l'intérêt même du récit, et le fait que mots et expressions apparaissent en situation dans un contexte, ce qui aide à bien cerner leur sens.

Cette série constitue donc une véritable méthode d'auto-enseignement, dont le contenu est le suivant :
• page de gauche, le texte en anglais ;
• page de droite, la traduction française ;
• bas des pages de gauche et de droite, une série de notes explicatives (vocabulaire, grammaire, rappels historiques, etc.).

Les notes de bas de page et la liste récapitulative à la fin de l'ouvrage aident le lecteur à distinguer les mots et expressions idiomatiques d'un usage courant et qu'il lui faut mémoriser, de ce qui peut être trop exclusivement lié aux événements et à l'art de l'auteur.

Après chaque œuvre, ou après chaque série d'extraits, une page de révision offre au lecteur une série de phrases types, inspirées du texte, et accompagnées de leur traduction. Il faut s'efforcer de les mémoriser.

Il est conseillé au lecteur de lire d'abord l'anglais, de se reporter aux notes et de ne passer qu'ensuite à la traduction ; sauf, bien entendu, s'il éprouve de trop grandes difficultés à suivre le texte dans ses détails, auquel cas il lui faut se concentrer davantage sur la traduction, pour revenir finalement au texte anglais, en s'assurant bien qu'il en a maintenant maîtrisé le sens.

Signes et principales abréviations

⚠	attention, remarquez	*m. à m.*	mot à mot
▲	faux ami	*pl.*	pluriel
adj.	adjectif	*qqch.*	quelque chose
adv.	adverbe	*qqn*	quelqu'un
expr.	expression	*sb.*	somebody
fam.	familier	*sg.*	singulier
fig.	figuré	*sth.*	something
GB	Grande-Bretagne	*syn.*	synonyme
litt.	littéralement	US	États-Unis

Prononciation

Sons voyelles

[ɪ] **pit**, un peu comme le *i* de *site*

[æ] **flat**, un peu comme le *a* de *patte*

[ɒ] ou [ɔ] **not**, un peu comme le *o* de *botte*

[ʊ] ou [u] **put**, un peu comme le *ou* de *coup*

[e] **lend**, un peu comme le *è* de *très*

[ʌ] **but**, entre le *a* de *patte* et le *eu* de *neuf*

[ə] jamais accentué, un peu comme le *e* de *le*

Voyelles longues

[iː] **meet** [miːt] cf. *i* de *mie*

[ɑː] **farm** [fɑːm] cf. *a* de *larme*

[ɔː] **board** [bɔːd] cf. *o* de *gorge*

[uː] **cool** [kuːl] cf. *ou* de *mou*

[ɜː] ou [əː] **firm** [fəːm] cf. *e* de *peur*

Semi-voyelle :

[j] **due** [djuː], un peu comme *diou...*

Diphtongues (voyelles doubles)

[aɪ] **my** [maɪ], cf. *aïe !*

[ɔɪ] **boy**, cf. *oyez !*

[eɪ] **blame** [bleɪm] cf. *eille* dans *bouteille*

[aʊ] **now** [naʊ] cf. *aou* dans *caoutchouc*

[əʊ] ou [əu] **no** [nəʊ], cf. *e* + *ou*

[ɪə] **here** [hɪə] cf. *i* + *e*

[eə] **dare** [deə] cf. *é* + *e*

[ʊə] ou [uə] **tour** [tʊə] cf. *ou* + *e*

Consonnes

[θ] **thin** [θɪn], cf. *s* sifflé (langue entre les dents)

[ð] **that** [ðæt], cf. *z* zézayé (langue entre les dents)

[ʃ] **she** [ʃiː], cf. *ch* de *chute*

[ŋ] **bring** [brɪŋ], cf. *ng* dans *ping-pong*

[ʒ] **measure** ['meʒə], cf. le *j* de *jeu*

[h] le *h* se prononce ; il est nettement <u>expiré</u>

INTRODUCTION

Sir Pelham Wodehouse, K.B.E., D. Litt. (Oxon), naquit à Guilford (Angleterre) en 1881. Il fit ses études secondaires dans une *public school*, et des études supérieures au *College* de Dulwich, dans la banlieue ouest de Londres.

Il travailla deux ans dans une banque de la City, avant d'aborder une carrière de journaliste, puis très vite d'écrivain. Il collabora longtemps au *Saturday Evening Post*, lui donnant pendant vingt-cinq ans la primeur de ses romans sous forme de feuilletons. Bien qu'établi aux États-Unis à partir de 1909, il écrivit pour les Anglais des histoires dont les héros, même quand ils sont, le plus souvent contre leur gré, exilés à New York, sont aussi typiquement anglais que le décor.

Au cours d'une vie longue et discrète, il écrivit plus de quatre-vingt-dix romans, et une trentaine de pièces de théâtre et de comédies musicales. Il travailla aussi pour Hollywood, mais, de son propre aveu, s'y trouva « sous-employé et surpayé ». Il connut un succès rapide et durable, fondé en partie sur la fidélisation des jeunes lecteurs auxquels il s'adressait à ses débuts. Sa popularité connut une éclipse à la suite d'un épisode douloureux survenu lors de sa captivité, au début de la guerre de 39-45. Il vécut la majeure partie de sa vie aux États-Unis, et se fit naturaliser américain en 1956.

Son œuvre se caractérise par la création d'un monde hors du contemporain, voire quasi imaginaire. La société, selon Wodehouse, est peuplée de jeunes gens et gens et de jeunes filles du meilleur monde, entièrement occupés à régler leurs problèmes de cœur et d'argent selon des canons qui n'appartiennent qu'à eux, aidés de domestiques doués du bon sens qui leur fait totalement défaut, face à une pléiade de parents, le plus souvent riches, qui entendent faire respecter leurs propres règles. Le parasitisme financier s'exerce aux dépens d'oncles récalcitrants, et les affaires de cœur consistent, pour les jeunes gens, à rompre une promesse de mariage faite sans enthousiasme, sans toutefois enfreindre le code qui interdit à un *gentleman* d'infliger à une jeune fille l'insulte d'une rupture de fiançailles. À l'évidence, ils n'ont entendu parler ni de guerre, de crise ou de dépression, ni de chômage, et par conséquent encore moins de travail, ou alors il s'agit d'un malentendu, comme dans *Archibald and the Masses* (« Archibald et les masses populaires »). Ils habitent les beaux quartiers, fréquentent des manoirs en province, se retrouvent dans des clubs, des restaurants ou des bars pour échanger des potins ou des cancans sur les uns ou les autres, souvent désignés par un sobriquet représentant leur boisson favorite. Antihéros falots ou désuets, ils oscillent entre un vague sentiment d'appartenance à un clan et leur velléité de créer la mode, ce qui leur attire les foudres de valets aussitôt érigés en gardiens de la tradition. Cette comédie burlesque et modérément critique ne rejoint le réel que par la plongée rocambolesque de tel personnage dans la vie des gens ordinaires, ou par l'intervention paradoxale d'un domestique, d'un policier ou d'un juge.

Cet humour typiquement britannique, fait de lucidité et de sympathie pour les personnages, atteint un très haut niveau de verve langagière. L'œuvre donne aujourd'hui l'impression que la bonne société anglaise imite désormais ses fictions. Mais le plus novateur, chez P.G. Wodehouse, aura été son art d'écrire. Artisan infatigable et scrupuleux, il joue en maître d'un langage qu'il forge et reformule sans cesse. Il donne aux situations et à la plus banale des expressions convenues une fraîcheur et une vérité inimitables, grâce à des intrigues parallèles entremêlées dans un contrepoint complexe, et linguistiquement plus vraies que nature. Mélange d'argotismes et de tics empruntés à l'école ou aux clubs, mais rebrodés en trouvailles innombrables, la langue de Wodehouse est celle d'un humoriste qui ne se prenait pas au sérieux, mais aussi d'un écrivain véritable. Pour le citer en conclusion : « Je crois qu'il y a deux manières d'écrire un roman. La mienne, qui façonne une espèce de comédie musicale sans musique, et ne veut rien savoir de la réalité ; l'autre, qui plonge au tréfonds de la vie, quelles qu'en soient les conséquences. »

Wodehouse in 1928

CHRONOLOGIE

1881   15 octobre : naissance de P.G. Wodehouse à Guilford (Angleterre).
Après ses études, travaille deux ans à la City, devient rapidement écrivain et journaliste, et voyage aux États-Unis.

1902-1909   Articles, et divers livres pour la jeunesse.

1909   S'établit aux États-Unis.

1910   *Psmith in the City.*

1915   *Psmith Journalist.*

1917   *The Man With Two Left Feet* (première apparition de Jeeves).

1919   *My Man Jeeves.*

(Entre **1920** et **1938**, publie chaque année, parfois plusieurs livres.)

1923   *The Inimitable Jeeves.*

1925   *Carry on Jeeves.*

1927   *Meet Mr Mulliner.*

1929   *Mr Mulliner Speaking.*

1930   *Very Good Jeeves.*

1934   *Thank You, Jeeves,* et *Right Ho, Jeeves.*

1935   S'installe au Touquet, en France.

1935   *Blandings Castle,* et *The Luck of the Bodkins.*

1936   *Young Men in Spats.*

1937   *Lord Emsworth and Others.*

1938   *The Code of the Woosters.*

1939   *Uncle Fred in the Springtime.*

1939   Est fait docteur *honoris causa* de l'université d'Oxford.

1940   Mai : les Allemands le font prisonnier. Après un an de détention, P.G. Wodehouse, qui a 60 ans, se voit offrir la liberté à la suite d'une série d'émissions pour une radio américaine reprises par Radio-Berlin. Ses causeries pourtant dénuées de tout caractère politique lui attirent une réaction brutale de la BBC, voix de la Grande-Bretagne alors seule en guerre. Cela provoque en lui une profonde blessure, accrue par la conscience de sa grave imprudence. Il ne retournera jamais en Angleterre. *Eggs, Beans & Crumpets,* et *Quick Service,* écrits en captivité, seront ses seules productions jusqu'en 1945.

1946   *Money in the Bank.*

1953   *Ring for Jeeves.*

Ensuite, production moins abondante, et de qualité inégale.

1956   Obtient la nationalité américaine.

1959   *A Few Quick Ones.*

1963   *Stiff Upper Lip, Jeeves.*

1965   *Galahad at Blandings.*

1968   *Do Butlers Burgle Banks ?*

1971   *Much Obliged, Jeeves.*

1974   *Aunts Aren't Gentlemen.*

1975   Annobli par la liste du Nouvel An.

1975   14 février : meurt à Rosemberg, État de New York.

1977   *Sunset at Blandings* (posthume).

Jeeves takes charge*

Jeeves, occupez-vous de ça !

Cette nouvelle ouvre le recueil *Carry on, Jeeves* paru en 1925. Nous y faisons connaissance avec Jeeves, qui entre au service de Bertram Wooster, dit « Bertie », un des piliers du Drones Club. On notera à ce propos que cette relation appelée à durer longtemps (le dernier *Jeeves* date de 1971) aura commencé banalement à l'agence de placement locale. Désormais, Jeeves fera partie de la vie de Bertie, et deviendra en réalité le vrai héros de ces nouvelles ; il aura même droit au récit d'aventures dans lesquelles son maître n'apparaîtra pas. Quoi qu'il en soit, Jeeves, sous couvert de servir Bertie, sera surtout son mentor, intraitable sur les questions de bienséance et de goût. Jeeves, qui se présente lui-même comme « a gentleman's gentleman » (Bertie dit : « my man »), s'est donné pour mission d'assurer contre vents et marées, et parfois contre l'opinion irréfléchie de ses maîtres, le maintien d'une tradition britannique dont il se veut le gardien. Pour autant, il ne s'interdit pas de relever avec un humour discret les tares du système et l'attitude égoïste des nobles, riches et autres privilégiés qui l'emploient.

Pour ses débuts dans cette nouvelle, Jeeves aide Bertie à régler la question de son mariage avec lady Florence Worplesdon, une jeune fille d'excellente famille, mais de caractère intraitable, et surtout obstinée à « porter l'intellect de son fiancé au niveau du sien ». Le code d'honneur des Wooster interdit à Bertie de lui infliger l'affront d'une rupture ; mais alors, « comment s'en débarrasser ? ».

---

* **To take charge :** *prendre le relais, la suite ; se charger de, prendre en charge.*

Now, touching this business of old[1] Jeeves — my man[2], you know — how do we stand? Lots of people think I'm much too dependent on him[3]. My Aunt Agatha, in fact, has even gone so far as to call him my keeper[4]. Well, what I say is: Wy not? The man's a genius. From the collar upward he stands alone[5]. I gave up trying to run my own affairs within a week of his coming[6] to me. That was about half a dozen years ago, directly after the rather rummy[7] business of Florence Craye, my Uncle Willoughby's book, and Edwin, the Boy Scout.

The thing really began when I got back to Easeby, my uncle's place in Shropshire[8]. I was spending a week or so there, as I generally did in the summer; and I had had to break my visit to come back to London to get a new valet. I had found Meadowes, the fellow I had taken to Easeby with me, sneaking[9] my silk socks, a thing no bloke[10] of spirit could stick[11] at any price. It transpiring[12], moreover, that he had looted[13] a lot of other things here and there about the place, I was reluctantly compelled to hand the misguided blighter[14] the mitten[15] and go to London to ask the registry office[16] to dig up[17] another specimen for my approval. They sent me Jeeves.

I shall always remember the morning he came. It so happened that the night before I had been present at a rather cheery[18] little supper, and I was feeling pretty rocky[19]. On top of this I was trying to read a book Florence Craye had given me. She had been one of the house-party at Easeby, and two or three days before I left we had got engaged[20].

---

1. **Old :** *vieux.* Devant un nom, a une valeur affective, et se traduit selon les cas par *cher, brave, mon vieux/bon,* etc.
2. **My man :** « *mon homme* » = *domestique, valet* (de chambre).
3. **To be dependent (up)on :** *dépendre de* (financièrement).
4. **Keeper :** *gardien ;* (fam.) *tuteur ;* de **to keep** au sens de *maintenir, entretenir.*
5. **To stand alone :** *être unique en son genre, seul dans sa catégorie ; se distinguer* (m. à m. : « *se dresser seul* »).
6. **His coming :** n. verbal = *sa venue, son arrivée.*
7. **Rummy :** aussi **rum :** *bizarre, curieux, étrange.*
8. **Shropshire :** comté au nord-ouest de l'Angleterre, en bordure du pays de Galles (abréviation postale : **Salop**).
9. **To sneak :** 1) tr. *chaparder, voler ;* 2) intr. (+ **off/away**) *s'éclipser, partir en catimini ;* 3) (argot scolaire) *cafarder.*
10. **Bloke :** (fam.) *type, individu, gars.*

Donc, en ce qui concerne le cas de ce brave Jeeves, vous savez, mon domestique, voyons un peu où nous en sommes. Bien des gens pensent que je dépends beaucoup trop de lui. Ma tante Agathe est, en fait, allée jusqu'à l'appeler mon tuteur. Eh bien, je dis : pourquoi pas ? Cet homme est un génie. Du haut de son col au sommet de son crâne, il est unique en son genre. Je renonçai à gérer moi-même mes affaires, dans la semaine qui suivit notre rencontre. Cela s'est passé voici une demi-douzaine d'années, juste après cette drôle d'histoire à laquelle furent mêlés Florence Craye, le livre d'oncle Willoughby, et Edwin, le boy-scout.

La chose débuta vraiment lorsque je retournai à Easeby, la maison de mon oncle dans le Shropshire. J'y passais une semaine environ, comme c'était généralement le cas en été, mais il m'avait fallu interrompre ce séjour pour revenir à Londres engager un nouveau valet. J'avais surpris Meadowes, celui qui m'accompagnait à Easeby, en train de me chiper mes chaussettes de soie, chose qu'un homme d'esprit ne peut à aucun prix tolérer. De plus, il semblait qu'il eût dérobé bon nombre d'autres choses çà et là dans la maison. Je me vis, à contrecœur, contraint de donner ses huit jours à cette espèce d'animal indélicat, et d'aller à Londres demander au bureau de placement de soumettre un nouveau spécimen à mon approbation. Ils envoyèrent Jeeves.

Je me souviendrai toujours du matin où je le vis pour la première fois. Il se trouvait que, la nuit précédente, j'avais assisté à un petit souper plutôt animé et je me sentais quelque peu vaseux. En plus de cela je m'évertuais à lire un livre que m'avait donné Florence Craye. Florence Craye était au nombre des invités d'Easeby et, deux ou trois jours avant mon départ, nous nous étions fiancés.

---

11. **To stick :** ici (fam.), *endurer, souffrir, supporter.*
12. **It transpiring :** constr. élaborée avec nom verbal et sujet impersonnel ; m. à m. *« cela transpirant que... »*
13. **To loot :** *piller, mettre à sac, se livrer au pillage.*
14. **Blighter :** *type, individu ; enquiquineur, raseur ; salaud.*
15. **To hand the mitten :** m. à m. *« tendre la mitaine »* ; (fam.) *saquer, virer.*
16. **Registry office :** *agence/bureau de placement* (gens de maison, domestiques) ; *greffe, bureau d'état civil.*
17. **To dig up :** *mettre au jour en creusant,* (fam.) *pêcher.*
18. **Cheery :** *joyeux, animé ; réjouissant* (= **cheering**).
19. **Rocky :** (fam.) *chancelant ; qui fait tourner la tête.*
20. **To get engaged :** *se fiancer.* **Engagement :** *fiançailles ; embauche ;* **to get married :** *se marier ;* **to get a divorce :** *divorcer.*

I was due back[1] at the end of the week, and I knew she would expect me to have finished the book by then[2]. You see, she was particularly keen on boosting me up[3] a bit nearer her own plane[4] of intellect. She was a girl with a wonderful profile, but steeped to the gills in serious purpose[5]. I can't give you a better idea of the way things stood than by telling you that the book she'd given me to read was called *Types of Ethical Theory*[6], and that when I opened it at random I struck a page beginning:

> The postulate or common understanding involved in speech[7] is certainly co-extensive, in the obligation it carries, with the social organism of which language is the instrument, and the ends[8] of which it is an effort to subserve.

All perfectly true, no doubt; but not the sort of thing to spring on a lad with a morning head[9].

I was doing my best to skim through this bright little volume when the bell rang. I crawled off the sofa and opened the door. A kind of darkish sort of respectful Johnnie[10] stood without[11].

"I was sent by the agency, sir," he said. "I was given to understand that you required a valet[12]."

I'd have preferred an undertaker; but I told him to stagger[13] in, and he floated noiselessly through the doorway like a healing zephyr. That impressed me from the start. Meadowes had had flat feet and used to clump[14].

---

1. **I was due back :** m. à m. « *j'étais attendu comme devant être de retour* » ; **to be due :** *être prévu, programmé* (selon un horaire) : **the train is due at 3 p.m. :** *le train doit arriver à 15 heures.*
2. **By then :** *à ce moment-là* (au plus tard) ; **by Monday :** *pour lundi.*
3. **To boost (up) :** « *gonfler* », *augmenter, accroître ; promouvoir* (pub.). **Booster :** système destiné à augmenter la puissance mécanique (compresseur, turbine auxiliaire).
4. **Plane :** (n.) *plan, niveau, étage* (fig.).
5. **Serious purpose :** *objectif, propos, intention d'un haut niveau, de haute volée.*
6. Œuvre de James Martineau (1805-1891), théologien et philosophe idéaliste anglais, qui a écrit de nombreux sermons et des ouvrages ayant trait à la religion, à la politique et à la morale dans la société.

Mon retour là-bas était fixé à la fin de la semaine, et j'étais certain qu'elle s'attendrait que j'aie alors achevé la lecture de son livre. Il faut que vous sachiez qu'elle s'était particulièrement attachée à pousser mon intellect au niveau du sien. C'était une jeune fille au profil de médaille, mais qui se plongeait jusqu'aux ouïes dans les sujets sérieux. Je ne saurais vous donner une meilleure idée de l'état des choses qu'en vous précisant que le livre qu'elle m'avait donné à lire s'intitulait *Des différentes catégories de l'Éthique* ; et que l'ayant ouvert au hasard, je tombai sur une page qui commençait ainsi :

> Le postulat ou concept communément admis implicite dans tout acte de parole est en toute certitude co-extensif, dans l'obligation qu'il induit, à l'organisme sociétal duquel la langue est l'instrument, et dont il est ardu de servir la finalité.

On ne peut plus exact, bien sûr, mais ce n'est pas le genre de chose à balancer à qui a mal aux cheveux.

Je faisais de mon mieux pour parcourir ce brillant petit ouvrage quand on sonna. Je m'extirpai difficilement du canapé pour ouvrir la porte. Sur le seuil se tenait une espèce de type tout de sombre vêtu, à l'air respectueux.

« J'ai été envoyé par l'agence, monsieur, dit-il. On m'a laissé entendre que monsieur désirait un valet. »

J'eusse préféré un croque-mort, mais je lui dis quand même d'entrer ; il franchit alors le seuil, silencieux tel un zéphyr salutaire. J'en fus impressionné dès le premier abord. Meadowes avait les pieds plats, et marchait avec lourdeur.

---

7. **Speech** : *discours* = les mots que l'on prononce.
8. **Ends** : (ici) *les fins dernières, le but ultime* ou *suprême*. En anglais moderne, on aurait plutôt **whose ends**.
9. **A morning head** : euph. équivalent à *gueule de bois*.
10. **A Johnnie** : diminutif de John, le prénom le plus répandu en anglais ; à l'origine, argot de club ou d'école, qui en est venu à désigner *un type, un individu*.
11. **Without** : ici adv., *au-dehors, à l'extérieur* ≠ **within** : *dedans*.
12. Ce style solennel, voire pompeux, caractérise le langage de tous les valets chez Wodehouse, et surtout celui de Jeeves.
13. **To stagger** : ici, *avoir une démarche peu assurée*.
14. **To clump** : 1) *marcher à pas lourds* ; 2) *se rassembler en groupe* ou *en masse* ; 3) (fam.) *frapper à coups de poing*.

This fellow didn't seem to have any feet at all. He just streamed in. He had a grave, sympathetic [1] face, as if he, too, knew what it was to sup with the lads [2].

"Excuse me, sir," he said gently.

Then he seemed to flicker, and wasn't there any longer. I heard him moving about in the kitchen, and presently [3] he came back with a glass on a tray.

"If you would drink this, sir," he said, with a kind of bedside manner [4], rather like the royal doctor [5] shooting the bracer [6] into [7] the sick prince. "It is a little preparation of my own invention. It is the Worcester Sauce that gives it its colour. The raw [8] egg makes it nutritious. The red pepper gives it its bite. Gentlemen have told me they have found it extremely invigorating after a late evening [9]".

I would have clutched at anything that looked like a lifeline [10] that morning. I swallowed the stuff. For a moment I felt as if somebody had touched off [11] a bomb inside the old bean [12] and was strolling down my throat with a lighted torch, and then everything seemed suddenly to get all right. The sun shone in through the window; birds twittered in the tree-tops; and, generally speaking, hope dawned once more.

"You're engaged!" I said, as soon as I could say anything.

I perceived clearly that this cove [13] was one of the world's workers [14], the sort no home should be without [15].

"Thank you, sir. My name is Jeeves."

"You can start in at once?"

---

1. **Sympathetic** : ▲ *plein de compassion pour la souffrance d'autrui, compatissant.* Fr. *sympathique :* **(nice and) pleasant, charming,** etc.
2. **To sup with the lads** : (euph.) *faire la fête,* (vulg.) *la bringue avec les gars, les amis, les copains.*
3. **Presently** : ▲ *bientôt, aussitôt ; présentement, à présent :* **(right) now, at present.**
4. **Bedside manner** renvoie à l'attitude d'un médecin ou d'une infirmière au chevet d'un patient ; **bedside table :** *(table de) chevet.*
5. **The royal doctor :** *le médecin attitré de la famille royale.*
6. **Bracer :** (fam.) *remontant ; « petit verre »* (d'alcool) : **"pick-me-up".**
7. **To shoot into :** (médecine) *injecter, faire une piqûre.* **To shoot :** 1) *projeter violemment en avant, lancer ; blesser par balle ;* 2) *pousser* (plante) ; 3) (fam.) *« cracher » ; « accoucher ».*

Ce type-là semblait tout simplement ne pas avoir de pieds. Il se contenta de glisser à l'intérieur. Il avait un air de compassion grave, comme quelqu'un qui, lui aussi, sait ce que c'est qu'un souper entre amis.

« Que monsieur m'excuse », dit-il avec douceur.

Il sembla alors onduler avant de disparaître. Je l'entendis vaquer dans la cuisine, d'où il revint bientôt avec un verre sur un plateau.

« Si monsieur voulait bien boire ceci », dit-il d'un air docte, un peu comme le médecin royal administrant un cordial à son patient princier. « C'est une préparation de mon cru. La sauce de Worcester lui donne de la couleur, l'œuf cru la rend nutritive, le piment lui donne son mordant. Bien des messieurs m'ont dit l'avoir trouvée extrêmement revigorante après une soirée prolongée. »

J'aurais agrippé tout ce qui ressemblât à une bouée de sauvetage ce matin-là. J'avalai la chose. Au début, j'eus l'impression que quelqu'un avait mis une bombe à feu dans ma vieille caboche, et se baladait du haut en bas de ma gorge avec une torche enflammée ; puis soudain tout sembla pour le mieux. Le soleil brilla à travers la fenêtre, les oiseaux pépièrent au sommet des arbres. En somme, l'espoir renaissait.

« Vous êtes engagé ! » dis-je aussitôt que je pus prononcer une parole.

Je me rendis clairement compte que ce type-là était une perle, du genre dont aucune bonne maison ne saurait se passer.

« Merci, monsieur. Je m'appelle Jeeves. »

« Pouvez-vous commencer immédiatement ? »

---

8. **Raw** : *cru* ; **raw materials** : *matières premières* ; **raw recruit** : *nouvelle recrue, « bleu », bleusaille.*
9. **Late evening** : (euph.) *soirée tardive, prolongée.*
10. **Lifeline** : corde ou câble signalant un plongeur, ou utilisée pour le sauvetage en mer, d'où (fig.) tout moyen de sauvetage.
11. **To touch off** : *mettre à feu, faire exploser,* d'où *déclencher.*
12. **The old bean** : (fam.) m. à m. *« le vieux haricot »* = tête, caboche, *« citron ».* Noter l'article défini.
13. **Cove** (fam.) : *« oiseau », type, gars, zigoto,* etc.
14. **One of the world's workers** : m. à m. *un des travailleurs du monde = un spécimen unique, une perle (rare).*
15. **The sort no home should be without** : m. à m. *« le genre dont aucun foyer ne devrait se trouver sans ».*

N.B. : Il a paru conforme aux règles en usage à l'époque d'utiliser la 3ᵉ personne du singulier chaque fois que Jeeves s'adresse à son maître (voir n. 5, p. 66).

"Immediately, sir."

"Because I'm due down at Easeby, in Shropshire, the day after tomorrow."

"Very good, sir." He looked past me at the mantelpiece. "That is an excellent likeness [1] of Lady Florence Craye, sir. It is two years since I saw [2] her ladyship [3]. I was at one time in Lord Worplesdon's employment [4]. I tendered my resignation [5] because I could not see eye to eye [6] with his lordship in his desire to dine in dress trousers [7], a flannel shirt, and a shooting coat [8]."

He couldn't tell me anything I didn't know about the old boy's [9] eccentricity. This Lord Worplesdon was Florence's father. He was the old buster [10] who, a few years later, came down to breakfast one morning, lifted the first cover he saw, said "Eggs! Eggs! Eggs! Damn all eggs [11]!" in an overwrought [12] sort of voice, and instantly legged it for France, never to return to the bosom of his family. This, mind you, being a bit of luck for the bosom [13] of the family, for old Worplesdon had the worst temper in the country.

I had known the family ever since I was a kid, and from boyhood [14] up this old boy had put the fear of death into me. Time, the great healer, could never remove from my memory the occasion when he found me — then a stripling of fifteen — smoking one of his special [15] cigars in the stables.

---

1. **Likeness :** *ressemblance,* de **like :** *pareil.* Ne pas confondre avec **likeliness :** *vraisemblance,* de **likely :** *vraisemblable : caractère hautement probable* (p. ex., d'une éventualité).
2. **It is two years since I saw :** noter le prétérit après **since.**
3. **Ladyship, lordship :** noms utilisés en parlant d'une personne ayant au moins le titre de **baroness** *(baronne)* ou de **baronet** *(baron).*
4. **To be in sb's employment :** *être au service de qqn* (domestiques).
5. **To tender one's resignation :** *présenter sa démission, démissionner.* De nos jours on utilise plutôt **resign.**
6. **To see eye to eye :** *partager, avoir les mêmes vues, être en accord.*
7. **Dress trousers :** *pantalon* assorti à une *jaquette* **(dress jacket, tailcoat)** pour constituer un *habit de soirée* ou *queue de pie* **(evening dress).** Le même, porté le matin **(morning dress/coat),** est gris. Moins habillé, le *smoking* (inconnu en anglais !), s'appelle **evening jacket** (GB) ou **tuxedo** (US). **Dress evening :** *soirée*

« Immédiatement, monsieur. »

« Parce que je suis attendu à Easeby, dans le Shropshire, après-demain. »

« Très bien, monsieur. » Il regardait le manteau de la cheminée par-dessus mon épaule. « Ce portrait de Mlle Florence Craye est très ressemblant, monsieur. Il y a maintenant deux ans que je n'ai pas vu mademoiselle. Je fus au service de lord Worplesdon à une certaine époque. J'ai présenté ma démission à la suite de divergences avec milord en raison de son désir de dîner en pantalon de soirée, chemise de flanelle et veste de chasse. »

Il ne pouvait rien m'apprendre de neuf sur les excentricités du vieux. Lord Worplesdon était le père de Florence Craye. C'est ce vieux phénomène qui, quelques années plus tard, descendit un matin pour le petit déjeuner et, soulevant le couvercle du premier plat qui lui tomba sous la main, s'écria : « Des œufs, des œufs, des œufs ! Au diable les œufs ! » d'une voix proprement hystérique. Puis il gagna la France à pied et ne rentra jamais au bercail. Ce qui fut, remarquez, une bénédiction pour ledit bercail, car le vieux Worplesdon avait le plus exécrable caractère de tout le pays.

Je connaissais cette famille depuis ma tendre enfance et, depuis mon adolescence, le vieux Worplesdon m'inspirait une terreur mortelle. Le temps, ce grand guérisseur, ne put jamais ôter de ma mémoire la fois où Worplesdon me trouva dans les écuries en train de fumer un de ses cigares personnels ; j'étais alors un gamin de quinze ans.

---

habillée (en habit de soirée). On s'habille toujours pour dîner dans les nouvelles de P.G. Wodehouse.

8. **Shooting coat :** *veste de chasse.* **To shoot :** *chasser au fusil ;* **to hunt :** *chasser* (à courre) ; voir plus loin **hunting crop.**

9. **The old boy :** (ici) *le vieux ;* aussi un *ancien* (école, université : **the old Oxonians :** *les anciens d'Oxford*).

10. **Buster :** (fam.) *zigoto, lascar,* individu qui fait des siennes, souvent antipathique.

11. **Damn all eggs! :** *Au diable (tous) les œufs !* **Damn** [dæm] est un juron très fort en anglais, et encore plus à l'époque !

12. **Overwrought** [əʊvəˈrɒt] : *extrêmement tendu.*

13. **Bosom** [ˈbuːzəm] : *sein, poitrine,* d'où *bercail, giron familial.* **Breasts :** *seins, mamelles,* s'employait peu à l'époque **(a lady's bosom).**

14. **Boyhood :** *enfance* (d'un garçon) ; de même **girlhood, chidhood.**

15. **Special :** (sens très fort) *unique, très particulier.*

He got after me [1] with a hunting-crop [2] just at the moment when [3] I was beginning to realize that what I wanted most on earth was solitude and repose, and chased me more than a mile across difficult country. If there was a flaw [4], so to speak [5], in the pure joy of being engaged to Florence, it was the fact that she rather took after [6] her father, and one was never certain when she might erupt. She had a wonderful profile, though.

"Lady Florence and I [7] are engaged, Jeeves," I said.

"Indeed, sir?"

You know, there was a kind of rummy [8] something about his manner. Perfectly all right and all that [9], but not what you'd call chirpy [10]. It somehow gave me the impression that he wasn't keen on Florence. Well, of course, it wasn't my business. I supposed that while he had been valeting [11] old Worplesdon she must have trodden on his toes [12] in some way. Florence was a dear girl, and, seen sideways, most awfully [13] good-looking; but if she had a fault it was a tendency to be a bit imperious with the domestic staff.

At this point in the proceedings [14] there was another ring at the front door. Jeeves shimmered [15] out and came back with a telegram. I opened it. It ran:

Return immediately. Extremely urgent. Catch first train. Florence.

"Rum [16]!" I said.

---

1. **To get after sb** : *s'en prendre à qqn ; morigéner ; enguirlander.*
2. **Hunting-crop** : *fouet de chasse* (à cheval, à courre), *fouet de meute.*
3. Notez que le fr. *où* se traduira par **when** pour le temps, par **where** pour le lieu ; *l'endroit où* : **the place where.**
4. **Flaw** : *défaut, paille* (du métal) ; *tache, impureté.*
5. **So to speak** : *pour ainsi dire.*
6. **To take after** : *ressembler à qqn, tenir de qqn* (de la famille).
7. **Florence and I are** : noter l'emploi du pr. sujet ; mais on dira **he talked to Florence and me.**
8. **Rummy** : (argot vieilli) *bizarre, étrange ;* aussi **rum** (n. 16).
9. **And all that** : m. à m. « *et tout ça, et tout et tout* ».
10. **Chirpy** : (fam.) *joyeux, gai* (cf. *comme un pinson*) ; **chirp,** ici : *cri d'oiseau* (de petite taille).

22

Il me poursuivit avec un fouet de meute juste au moment où je commençais à comprendre que ce que je désirais le plus au monde était repos et solitude ; et il me pourchassa sur plus d'un mille de terrain accidenté. S'il y avait une tache, en quelque sorte, dans la joie céleste d'être fiancé à Florence, c'était bien le fait qu'elle tenait beaucoup de son père, et que nul ne pouvait prévoir quand elle allait exploser. Cela dit, elle avait un profil merveilleux.

« Lady Florence et moi sommes fiancés, Jeeves. »

« Vraiment, monsieur ? »

Il y avait, voyez-vous, un petit quelque chose de bizarre dans ses manières. Tout cela était parfait bien sûr, mais sans joie ni gaieté. D'une certaine façon, cela me donna l'impression qu'il n'éprouvait guère de sympathie pour Florence. Bien entendu, cela ne me regardait pas. Je suppose que lorsqu'il était au service de lord Worplesdon, elle avait dû lui marcher sur les pieds d'une manière ou d'une autre. Florence était une fille charmante et, de profil, horriblement belle, mais si tant est qu'elle eût un défaut, c'était une certaine tendance à se montrer autoritaire avec le personnel domestique.

C'est alors qu'on sonna à nouveau. Jeeves sortit, et revint porteur d'un télégramme. Je l'ouvris, pour lire :

« Revenez immédiatement. Extrêmement urgent. Attrapez premier train. Florence. »

« Bizarre », fis-je.

---

11. **To valet (for) :** *être au service de qqn* (comme valet). **Valet service** (hôtels de luxe) : *le service de la clientèle, des clients,* notamment *service dans les chambres ;* en particulier (US), possibilité de laisser sa voiture à l'entrée à un chasseur qui la gare.
12. **To tread on sb's toes :** *marcher sur les pieds de qqn, ne pas montrer d'égards ;* on trouve aussi **corns :** *cors aux pieds.*
13. **Awfully :** *terriblement ;* **awful :** *terrible,* qui inspire crainte et respect.
14. **At this point in the proceedings :** m. à m. « *à ce point dans le déroulement des affaires* ou *événements* ».
15. **To shimmer :** *trembler, vaciller* (une lueur) ; d'où **to shimmer out :** *sortir, disparaître sans un bruit* (lueur qui disparaît).
16. **Rum !** [rʌm] : *bizarre, étrange ;* on trouve parfois la graphie **rhum.**

"Sir?"

"Oh, nothing!"

It shows how little I knew Jeeves in those days [1] that I didn't go a bit deeper into the matter with him. Nowadays I would never dream of reading [2] a rummy communication without asking [3] him what he thought of it. And this one was devilish [4] odd. What I mean is, Florence knew I was going back to Easeby the day after tomorrow, anyway; so why the hurry call [5]? Something must have happened [6], of course; but I couldn't see what on earth it could be.

"Jeeves," I said, "we shall be going down to Easeby this afternoon. Can you manage it [7]?"

"Certainly, sir."

"You can get your packing [8] done [9] and all that?"

"Without any difficulty, sir. Which suit [10] will you wear for the journey?"

"This one."

I had on a rather sprightly young check [11] that morning, to which I was a good deal attached; I fancied [12] it, in fact, more than a little. It was perhaps rather sudden till you got used to it, but, nevertheless, an extremely sound effort [13], which many lads [14] at the club [15] and elsewhere had admired unrestrainedly.

"Very good, sir."

Again there was that kind of rummy something in his manner.

---

1. **In those days :** *à cette époque-là* ≠ **these days :** *ces jours-ci, en ce moment.* L'opposition **this/that** (sg.) et **these/those** (pl.) est forte, et se rapporte aussi bien au temps qu'au lieu : **this/these** indiquent la proximité dans le temps ou l'espace, **that/those** l'éloignement.
2. **I would never dream of reading :** m. à m. *« jamais je ne rêverais/n'imaginerais de lire ».* Le complément de **dream** est introduit par **of ;** la forme qui suit est en **-ing,** comme après toute préposition.
3. **Without asking :** *sans demander ;* **-ing** obligatoire, cf. n. 2.
4. **Devilish :** *diabolique ;* cet adj. a valeur d'adv. (cf. **pretty odd**). ⚠ le vocabulaire qui a trait à la religion s'emploie avec précaution, car il risque l'accusation de blasphème.
5. **Hurry call :** m. à m. *« appel à la hâte »,* appel d'urgence.
6. **Must have happened :** m. à m. *« doit s'être passé »,* comme **must** n'a pas de forme passée, on le conjugue avec l'infinitif passé.

24

« Monsieur ? »

« Non, rien. »

Le fait que je n'aie pas approfondi le problème avec lui montre à quel point je connaissais mal Jeeves à cette époque-là. Aujourd'hui, il ne me viendrait même pas à l'esprit de lire une correspondance bizarre sans lui demander ce qu'il en pense. Car ce message était bigrement curieux. Ce que je veux dire, c'est que Florence savait que de toute façon je rentrais à Easeby le surlendemain. Alors pourquoi appeler en urgence? Il avait dû se passer quelque chose, bien sûr, mais du diable si je voyais quoi.

« Jeeves, nous allons devoir partir pour Easeby cet après-midi ; vous pourrez faire le nécessaire ? »

« Certainement, monsieur. »

« Vous pourrez faire les valises et tout ? »

« Sans aucun problème, monsieur. Quel costume monsieur portera-t-il pour le voyage ? »

« Celui-ci. »

Je portais ce matin-là un genre de prince-de-galles, très « jeune » et plutôt pimpant, auquel j'étais assez attaché. En fait, j'y tenais énormément. Il était peut-être quelque peu déroutant, pour peu qu'on n'y soit pas habitué, mais c'était néanmoins une composition extrêmement réussie, objet d'une admiration sans réserve de la part de nombre de mes amis du club et d'ailleurs.

« Très bien, monsieur. »

De nouveau, il y eut ce quelque chose de bizarre dans son ton.

---

7. **To manage :** évoque l'idée de réussite, de succès.
8. **Packing :** *emballage, empaquetage ; fait de faire les bagages.*
9. **To get sth done :** *faire faire qqch. :* le sujet s'implique dans l'action ≠ **have sth done :** *faire faire qqch.* (par d'autres).
10. **Which suit :** *quel costume = lequel de vos costumes.* **Which** évoque le choix dans une série en nombre connu ou limité, sinon on emploie **what.**
11. **Check :** *carreau,* d'où tissu ou costume à carreaux, prince-de-galles.
12. **To fancy sth :** *être attaché, tenir à qqch ; aimer bien, avoir du goût/un faible pour qqch.*
13. **A sound effort :** m. à m. *« un effort construit, solide, sain ».*
14. **Lads :** *gars, amis, copains.*
15. **At the club :** the Drones Club (cf. p. 86) où Bertie, le narrateur, retrouve ses amis, et où s'échangent potins et nouvelles.

It was the way he said it, don't you know [1]. He didn't like the suit. Il pulled myself together [2] to assert myself. Something seemed to tell me that, unless I was jolly careful and nipped this lad in the bud [3], he would be starting to boss me [4]. He had the aspect of a distinctly resolute blighter [5].

Well, I wasn't going to have any of that [6] sort of thing, by Jove! I'd seen so many cases of fellows who had become perfect slaves to [7] their valets. I remember poor old Aubrey Fothergill telling me — with absolute tears in his eyes, poor chap! — one night at the club, that he had been compelled to give up a favourite pair of brown shoes simply because Meekyn, his man, disapproved of them. You have to keep these fellows in their place, don't you know. You have to work the good old iron-hand-in-the-velvet-glove wheeze [8]. If you give them a what's-its-name, they take a thingummy [9].

"Don't you like this suit, Jeeves?" I said coldly.

"Oh, yes, sir."

"Well, what don't you like about it?"

"It is a very nice suit, sir."

"Well, what's wrong with it? Out with it [10], dash it!"

"If I might make the suggestion, sir, a simple brown or blue, with a hint of some quiet twill —"

"What absolute rot!"

"Very good, sir."

"Perfectly blithering [11], my dear man [12]!"

---

1. **... don't you know :** *ne savez-vous pas ;* ce **tag** a valeur explétive, et non interro[né]gative. Bertie en use souvent.
2. **To pull oneself together :** *se ressaisir ;* surtout pour faire face à une situation délicate, ou une agression verbale.
3. **To nip in the bud :** m. à m. « *tailler (dans) le bouton* » (de fleur).
4. **To boss sb :** *rudoyer qqn, traiter qqn en subalterne.*
5. **Blighter :** *personnage ennuyeux, enquiquineur, raseur.*
6. **Have any of that... :** m. à m. « *accepter quoi que ce soit de ce genre* » ; cf. **I won't have it!** : *Je ne le tolérerai pas ! Je ne le supporterai pas ! Il n'en est pas question !*
7. **To be/become slave to :** *être/devenir l'esclave de.*
8. **The good old... wheeze :** *le bon vieux truc, la plaisanterie éculée ;* l'enchaînement **iron-hand-in-the-velvet-glove** = *main-de-fer-dans-un-gant-de-velours.*

Tout était dans sa façon de le dire, si vous me suivez. Il n'aimait pas ce costume. Je me contrôlai, bien décidé à me faire respecter. Quelque chose me disait qu'à moins d'être sacrément vigilant, il ne tarderait pas à me régenter si je n'étouffais dans l'œuf toute tentative de rébellion. Il avait l'air d'un enquiquineur tout à fait déterminé.

Eh bien, parbleu ! il était hors de question que je tolère ce genre d'attitude. J'avais vu suffisamment de cas de braves types devenus parfaitement esclaves de leurs valets. Je me souviens de ce pauvre vieil Aubrey Fothergill qui, un soir au club, me raconta les larmes aux yeux, pauvre diable, qu'il avait été forcé de renoncer à porter une de ses paires de chaussures marron préférées, simplement parce que son valet Meekyn ne les appréciait pas. Il faut remettre ces types-là à leur place, vous savez. Il faut user de cette bonne vieille galéjade de la-main-de-fer-dans-un-gant-de-velours. Si vous leur en donnez grand comme je ne sais plus quoi, ils vous prennent tout le reste.

« Vous n'aimez pas ce costume, Jeeves ? » demandai-je froidement.

« Oh si, monsieur. »

« Bon, et en quoi vous déplaît-il ? »

« C'est un très joli costume, monsieur. »

« Eh bien, qu'est-ce qui ne va pas ? Dites, nom d'une pipe. »

« Si j'osais me permettre une suggestion, monsieur, une étoffe brune ou bleue toute simple, avec une touche de foulard discrètement assortie... »

« Pouah, quelle horreur ! »

« Très bien, monsieur. »

« Le parfait mauvais goût, mon brave. »

---

9. **A what's-its-name, a thingummy** : m. à m. *« comment dit-on déjà ?, un machin-chose »*. Bertie parle par clichés, mais ne se les rappelle jamais très bien.
10. **Out with it** : m. à m. *« dehors avec ça »*. **Dash it!** : *Au diable !*
11. **Blithering** + adj. : *sacré..., fichu, saleté/espèce de... !*
12. Tout au long de cet échange, Jeeves procède par touches successives pour exprimer son désaccord et proposer sa solution. Cette situation typique des rapports entre Jeeves et son maître aboutit parfois à la rupture, évidemment temporaire. Bertie se tire d'affaire à son avantage au début, en maintenant une position qu'il abandonnera ensuite, pour s'en remettre totalement à son serviteur, qui aura le plus souvent déjà mis en œuvre sa propre solution.

"As you say [1], sir."

I felt as if I had stepped on the place where the last stair ought to have been [2], but wasn't. I felt defiant [3], if you know what I mean, and there didn't seem anything to defy.

"All right, then," I said.

"Yes, sir."

And then he went away to collect his kit, while I started in again on *Types of Ethical Theory* and took a stab at [4] a chapter headed "Idiopsychological Ethics".

Most of the way down in the train that afternoon, I was wondering what could be up [5] at the other end. I simply couldn't see what could have happened. Easeby wasn't one of those country houses you read about in the society novels [6], where young girls are lured on to [7] play baccarat [8] and then skinned to the bone [9] of their jewellery, and so on. The house-party [10] I had left had consisted entirely of law-abiding [11] birds like myself.

Besides, my uncle wouldn't have let anything of that kind go on in his house. He was a rather stiff, precise [12] sort of old boy, who liked a quiet life [13]. He was just finishing a history of the family or something, which he had been working on for the last year, and didn't stir much from the library. He was rather a good instance of what they say about its being a good scheme [14] for a fellow to sow his wild oats [15].

---

1. **As you say** : *comme vous dites.*
2. **Ought to have been** : m. à m. « *devrait avoir été* » ; **ought to,** comme **should,** sert de conditionnel à **must,** en exprimant une nécessité extérieure atténuée.
3. **Defiant** [dɪˈfaɪənt] : *défiant, provocant, provocateur.* **To defy** [dɪˈfaɪ] : *défier, mettre au défi, provoquer.*
4. **To take a stab at** : *porter un coup à ; tenter sa chance, faire une tentative pour.* **Stab** : *coup de couteau, de poignard.*
5. **To be up** : *se passer, être en cours, être en train.* **What's up? :** *Que se passe-t-il ?* **To be up to :** *faire des siennes ;* **what are you up to ? :** *À quoi jouez-vous ? Que manigancez-vous ?*
6. **Society novels** : *romans de mœurs* où l'intrigue se déroule dans la bonne société. ▲ **novel,** *roman ; nouvelle :* **short story** (littérature) ou **news** (faits divers).
7. **To lure (on)** : *appâter, leurrer, tromper.*
8. **To play baccarat** : *jouer au baccara.* Noter l'absence d'article, comme dans **play bridge/chess/darts :** *jouer au bridge, aux*

28

« Comme vous voudrez, monsieur. »

J'avais l'impression d'avoir posé le pied là où la dernière mar-che de l'escalier aurait dû se trouver, mais où elle brillait par son absence. Je me sentais d'humeur provocatrice, si vous voyez ce que je veux dire, alors qu'il n'y avait rien à défier.

« Eh bien, c'est parfait », dis-je.

« Oui, monsieur. »

Puis il s'en alla prendre son paquetage, pendant que je repre-nais *Des différentes catégories de l'Éthique*, m'attaquant à un chapitre intitulé « Morale idiopsychologique ».

Pendant la majeure partie du trajet en train cet après-midi-là, je me demandai ce qui pouvait bien se mijoter au bout du voyage. Easeby n'était pas une de ces résidences de campagne qui font les romans à la mode, où des jeunes filles sont invitées sous prétexte de jouer au baccara, pour être ensuite entièrement dépouillées de tous leurs bijoux. La partie de campagne que j'y avais laissée ne comprenait, comme invités, que des types rangés dans mon genre.

De plus, mon oncle n'aurait jamais toléré de telles exactions sous son toit. Il était plutôt du genre guindé, un peu formaliste, aimant à mener une vie rangée. Il était sur le point de terminer une his-toire de la famille ou quelque chose comme ça, à laquelle il tra-vaillait depuis l'année précédente, et ne sortait que très peu de sa bibliothèque. Il illustrait assez bien cette théorie qui veut qu'il est bon qu'un homme jette sa gourme durant sa jeunesse.

échecs, *aux fléchettes*. Mais **play the guitar, the piano :** *jouer de la guitare, du piano*. **Baccarat :** *baccara : jeu de cartes pra-tiqué dans les casinos où les joueurs (« pontes ») misent de l'argent contre un « banquier » en fonction de leur main.*

9. **To skin to the bone :** m. à m. *« dépouiller jusqu'à l'os ».*
10. **House-party :** m. à m. *« réunion à la maison » ;* cela va de la réunion de famille à la réception la plus élégante organisée dans une maison de campagne ou une gentilhommière.
11. **Law-abiding :** *qui respecte la loi, respectueux des lois.*
12. **Stiff :** *raide ;* **precise :** *précis, méticuleux.*
13. **Who liked a quiet life :** *qui aimait une vie tranquille.* Noter l'article indéfini.
14. **Its being a good scheme to... :** m. à m. *« [le fait] que ce soit un bon plan de... » ;* **Scheme :** *dispositif, plan ; méthode, stra-tagème.*
15. **To sow his wild oats :** m. à m. *« semer, jeter ses folles avoines ».*

I'd been told that in his youth Uncle Willoughby had been a bit of a bounder. You would never have thought it to look at him now.

When I got to the house, Oakshott, the butler [1], told me that Florence was in her room, watching her maid pack. Apparently there was a dance [2] on [3] at a house about twenty miles away that night, and she was motoring over [4] with some of the Easeby lot [5] and would be away some nights. Oakshott said she had told him to tell her the moment I arrived; so I trickled [6] into the smoking-room [7] and waited, and presently in she came. A glance showed me that she was perturbed, and even peeved [8]. Her eyes had a goggly [9] look, and altogether she appeared considerably pipped.

"Darling!" I said, and attempted the good old [10] embrace [11]; but she side-stepped like a bantam-weight [12].

"Don't [13]!"

"What's the matter?"

"Everything's the matter! Bertie, you remember asking me, when you left, to make myself pleasant to your uncle?"

"Yes."

The idea being, of course, that as at that time I was more or less dependent on [14] Uncle Willoughby I couldn't very well marry without his approval. And though I knew he wouldn't have any objection to Florence, having known her father since they were at Oxford together [15], I hadn't wanted to take any chances [16]; so I had told her to make an effort to fascinate the old boy.

---

1. **Butler** : mais aussi *maître d'hôtel* (restaurant).
2. **Dance** : ▲ *bal, soirée dansante ; la danse :* **dancing** ou **ballet.**
3. **To be on** : *être au programme* (spectacle), *se jouer, se donner.* **What's on TV tonight?** : *Qu'y a-t-il à la télé ce soir ?*
4. **To motor over** : (arch.) *se rendre en automobile ;* de **motor car,** (voiture) *automobile* (à moteur). De nos jours : **to drive over.**
5. **The Easeby lot** : m. à m. *« le lot, la bande d'Easeby ».*
6. **To trickle** : m. à m. *« couler goutte à goutte, goutter ».*
7. À une époque où les femmes fumaient peu en public, le *fumoir* **(smoking-room)** permettait aux hommes de se retirer en fin de repas pour fumer.
8. **Peeved** : *fâchée, de mauvaise humeur, irritée.*
9. **Goggly** : de **goggles** : *grosses lunettes* (de protection, d'automobiliste ou d'aviateur). **To goggle at sb** : *rouler de gros yeux à qqn.*

J'avais entendu dire que pendant ses vertes années, l'oncle Willoughby avait quelque peu été du genre voyou. On ne l'aurait jamais cru, à le voir à présent.

À mon arrivée, Oakshott, le majordome, me dit que Florence était dans sa chambre et surveillait sa bonne qui faisait les valises. Apparemment il y avait un bal ce soir-là dans une maison à environ trente kilomètres de là, et elle s'y rendait en voiture avec les invités d'Easeby ; elle serait absente quelques jours. Oakshott me dit qu'elle lui avait demandé de la prévenir aussitôt de mon arrivée ; je me glissai donc dans le fumoir et attendis. Elle arriva bientôt et son regard me dit qu'elle était perturbée et même irritée. Elle avait les yeux exorbités et un air bien abattu.

« Chérie », dis-je en tentant de l'embrasser comme d'habitude.

Mais elle esquiva comme un poids coq.

« Non ! »

« Qu'est-ce qui ne va pas ? »

« Rien ne va ! Bertie, vous vous souvenez qu'en partant vous m'avez demandé d'être aimable avec votre oncle ? »

« Oui. »

L'idée était, bien sûr, qu'étant à cette époque plus ou moins dépendant d'oncle Willoughby, je ne pouvais pas vraiment me marier sans son consentement. Et tout en sachant qu'il n'élèverait aucune objection contre Florence, car il connaissait son père depuis l'époque où ils étudiaient ensemble à Oxford, je n'avais pas voulu prendre le moindre risque ; je lui avais donc demandé de faire un effort pour briller auprès du vieux.

---

10. **Good old...** : *cette (bonne) vieille, ce (bon) vieux,* etc. ; renvoie à une vieille connaissance, pratique ou habitude.
11. **Embrace** : *le fait de prendre dans ses bras, étreinte, embrassement.*
12. **Bantam-weight** : terme de boxe ; **bantam** : race de poules.
13. **Don't** : *surtout pas !, pas question !, je vous (l')interdis !*
14. **To be dependent on** : *dépendre financièrement, être à charge ;* **a dependant** : *une personne à charge.*
15. **At Oxford (Cambridge) together** : dans la société postvictorienne, et encore de nos jours dans certains milieux (politiques, médias), le fait d'avoir été condisciples dans l'une des deux grandes universités (Oxford + Cambridge = OXBRIDGE) demeure un privilège social très apprécié.
16. **To take a chance** : *courir/prendre le risque de.*

"You told me it would please him particularly if I asked him to read me some of his history [1] of the family."

"Wasn't he pleased?"

"He was delighted. He finished writing [2] the thing yesterday afternoon, and read me nearly all of it [3] last night. I have never had such a shock in my life. The book is an outrage [4]. It is impossible. It is horrible!"

"But, dash it [5], the family weren't [6] so bad as all that."

"It is not a history of the family at all. Your uncle has written his reminiscences [7]! He calls them "Recollections of a Long Life"!"

I began to understand. As I say, Uncle Willoughby had been somewhat on the tabasco side [8] as a [9] young man, and it began to look as if he might have turned out something pretty fruity if he had started recollecting his long life.

"If half of what he has written is true," said Florence, "your uncle's youth must have been perfectly appalling. The moment we began to read he plunged straight into a most scandalous story of how he and my father were thrown out of a music-hall [10] in 1887!"

"Why?"

"I decline to tell you why."

It must have been something pretty bad. It took a lot to [11] make them chuck people out of music-halls in 1887.

---

1. **History** : *l'histoire* — des événements, des nations, etc. ; à ne pas confondre avec **story** : *histoire* de type individuel, anecdotique, etc.

2. **Finished writing** : quand les verbes **finish, stop, start** (cf. plus bas), **go on, continue** sont suivis d'un verbe, ils imposent à celui-ci la forme en **-ing** ; **writing** est ici n. verbal, avec complément direct **(the thing).**

3. **All of it** : noter la construction ; de la même façon : **all of them** : *eux tous, la totalité d'entre eux.*

4. **Outrage** : *outrage, scandale, honte absolue* ; adj. : **outrageous** : *scandaleux, inacceptable, intolérable.*

5. **Dash it!** : forme atténuée de **damn** [dæm] **it!** : *Maudit soit... !*

6. **Weren't** : la famille est prise ici au sens des membres qui la composent, d'où le pluriel. La double construction est habituelle avec des noms comme **family, government, police** : **the police is**

« Vous m'aviez dit que cela lui ferait particulièrement plaisir si je lui demandais de me lire des passages de son histoire de la famille. »

« Ça ne lui a pas fait plaisir ? »

« Il était aux anges. Il a terminé de l'écrire hier après-midi, et m'en a lu la presque totalité la nuit dernière. Je n'ai, de ma vie, reçu un tel choc. Ce livre est une honte, il est insupportable, il est horrible !»

« Enfin, bon sang ! Les membres de la famille n'étaient pas si terribles que ça ! »

« Ce n'est pas du tout une histoire de votre famille. Votre oncle a écrit ses Mémoires. Il a appelé cela ''Souvenirs d'une longue vie''. »

Je commençais à comprendre. Comme je l'ai dit, l'oncle Willoughby avait fait un peu la noce dans sa jeunesse ; et il était fort possible que cela ait donné quelque chose de sacrément juteux s'il s'était mis à se souvenir de sa longue vie.

« Si la moitié de ce qu'il écrit est vrai, la jeunesse de votre oncle doit avoir été particulièrement effrayante. Dès que nous avons commencé à lire, il a plongé tout droit dans une histoire des plus scandaleuses, racontant comment mon père et lui se firent jeter à la porte d'un music-hall en 1887. »

« Pourquoi ? »

« Je refuse de dire pourquoi. »

Ce devait être quelque chose de salé. Il fallait en faire, pour qu'on vous jette à la porte d'un music-hall, en 1887.

---

called Scotland Yard in Britain ; the police are looking for a witness : *les policiers recherchent un témoin.*
7. **Reminiscences, recollections** : et aussi **remembrances** : *mémoires, souvenirs, réminiscences ;* (assez litt.) ⚠ **souvenir** : *souvenir ;* objet qui rappelle un lieu, une personne.
8. **Somewhat on the tabasco side :** m. à m. *« quelque peu du côté du tabasco » ;* le tabasco est une épice très forte, originaire de la Jamaïque.
9. **As a :** l'article est indispensable ici.
10. **Music-hall :** cabaret populaire typiquement britannique, où l'artiste dialogue avec le public qui lui donne la réplique et reprend en chœur les chansons en vogue.
11. **It took a lot to... :** m. à m. *« cela prenait beaucoup pour... »,* il en fallait beaucoup pour...

"Your uncle specifically states that father had drunk a quart[1] and a half of champagne before beginning the evening," she went on. "The book is full of stories like that. There is a dreadful one about Lord Emsworth."

"Lord Emsworth? Not the one[2] we know? Not the one at[3] Blandings[4]?"

A most respectable old Johnnie[5], don't you know. Doesn't[6] do a thing nowadays but dig[7] in the garden with a spud.

"The very same[8]. That is what makes the book so unspeakable. It is full of stories about people one knows[9] who are the essence of propriety[10] today, but who seem to have behaved, when they were in London in the eighties[11], in a manner that would not have been tolerated in the fo'c'sle[12] of a whaler. Your uncle seems to remember everything disgraceful that happened to anybody when he was in his early twenties. There is a story about Sir Stanley Gervase-Gervase at Rosherville Gardens which is ghastly in its perfection of detail. It seems that Sir Stanley — but I can't tell you!"

"Have a dash[13]!"

"No!"

"Oh, well, I shouldn't worry. No publisher will print the book if it's as bad as all that."

"On the contrary, your uncle told me that all negotiations are settled with Riggs and Ballinger, and he's sending off the manuscript tomorrow for immediate publication.

---

1. **A quart** = *1,14 litre ;* cette mesure « impériale » vaut **2 pints** *(0,56 l.) ;* **4 quarts = 1 gallon** *(4,53 l.).*
2. **The one [that] : one** est ici pr. défini : *celui, celle ;* pl. **ones :** *ceux, celles ;* **that** relatif complément est souvent omis.
3. Noter l'emploi de la préposition de lieu **at** là où on attendrait **of**, d'ailleurs possible. **The one :** cf. n. 2.
4. **Blandings :** haut lieu de la société chez Wodehouse. Le propriétaire de ce château, lord Elmsworth, et sa demeure apparaissent dans de nombreux récits (cf. bibliographie).
5. **Old Johnnie :** fam. mais néanmoins correct pour désigner un *vieux monsieur, un type âgé.*
6. **Doesn't :** noter l'absence de sujet apparent, fréquente dans la relation de propos tenus verbalement.
7. **But dig :** m. à m. « *rien [d'autre] que creuser* » ; **but** après une

« Votre oncle précise clairement que Père avait bu un magnum de champagne avant même que ne débute la soirée », continuat-elle. « Le livre est plein de ce genre d'histoires. Il y en a une des plus horribles au sujet de lord Emsworth. »

« Lord Emsworth, pas celui que nous connaissons ? Pas celui de Blandings ? »

Un vieux monsieur très respectable, voyez-vous ; aujourd'hui il ne pense qu'à bêcher son jardin.

« Lui-même. C'est ce qui rend ce livre aussi indécent. Il est plein d'histoires concernant des gens que l'on regarde aujourd'hui comme l'essence même de la bienséance, mais qui semblent s'être comportés, quand ils se trouvèrent à Londres dans les années 1880, d'une façon qui n'aurait pas été tolérée sur le gaillard d'avant d'un baleinier. Votre oncle semble se souvenir de tout ce qui est survenu de dégradant à tout un chacun à l'époque de ses vingt ans. Il y a une anecdote sur sir Stanley Gervase-Gervase, à Rosherville Gardens, qui est monstrueuse dans son souci du détail... Il semblerait que sir Stanley... Je ne peux pas le dire ! »

« Allez, courage ! »

« Non ! »

« Allons, à votre place je ne m'en ferais pas. Aucun éditeur n'imprimera un livre si affreux. »

« Au contraire, votre oncle m'a dit que les négociations avec Riggs et Ballinger ont abouti, et qu'il leur envoie le manuscrit demain pour publication immédiate.

---

négation exprime le contraste ou la restriction, plutôt que l'opposition. **Spud :** *sarcloir.*

8. **The very same :** m. à m. *« le même exactement ».*

9. **People one knows :** one pr. impersonnel sujet (fr. *on*), plus rare de nos jours : on utilise en général **you** ou **people.**

10. **Propriety** [prə'praɪətɪ] : caractère de ce qui est **proper,** *convenable, séant ;* ne pas confondre avec **property** : *biens, propriété(s).*

11. **In the eighties :** *dans les années 80* (ici 1880) ; et aussi **the roaring twenties :** *les folles années vingt.* Cela s'applique aussi à l'âge (cf. plus loin) : **in his early twenties :** *entre 20 et 25 ans ;* **in her late thirties :** *avant la quarantaine.*

12. **Fo'c's'le** [fɔksl] : abréviation de **forecastle.**

13. **A dash :** *un jet, un trait* (de liquide), ou *un tiret d'imprimerie ;* à peu près : *tentez le coup.*

They make a special thing of that sort of book. They published Lady Carnaby's *Memories of Eighty Interesting Years*."

"I read'em [1]!"

"Well, then, when I tell you [2] that Lady Carnaby's Memories are simply not to [3] be compared with your uncle's Recollections, you will understand my state of mind. And father appears in nearly every story in the book! I am horrified at the things he did when he was a young man!"

"What's to be done?"

"The manuscript must be intercepted [4] before it reaches Riggs and Ballinger, and destroyed!"

I sat up [5].

This sounded [6] rather sporting.

"How are you going to do it?" I inquired.

"How can I do it? Didn't I tell you the parcel goes off tomorrow? I am going to the Murgatroyds' dance tonight and shall not be back till Monday. You must do it. That is why I telegraphed to you."

"What!"

She gave me a look.

"Do you mean to say [7] you refuse to help me, Bertie?"

"No; but — I say!"

"It's quite simple."

"But even if I — What I mean is — Of course, anything I can do — but — if you know what I mean —"

"You say you want to marry me, Bertie ?"

"Yes, of course; but still —"

---

1. **I read'em = I read them ;** cette contraction est fréquente dans la langue parlée.
2. **When I tell you..., you will :** les conjonctions de subordination de temps **when, as soon as,** etc., sont suivies du présent là où le fr. emploie *quand, dès que,* etc., + le futur, et du present perfect là où en fr. on a le futur antérieur : *je vous téléphonerai dès que vous m'aurez envoyé votre nouvelle adresse :* **I'll call you as soon as you've sent your new address.**
3. **To be to :** implique une nécessité interne ou inscrite dans les faits, non une obligation résultant d'une contrainte externe ou d'un interdit : **are not to be compared :** *n'ont pas lieu d'être comparés.* **What's to be done?** *Qu'y a-t-il lieu de faire ? Que faut-il faire ? Qu'y a-t-il à faire ?*

Ils se sont spécialisés dans ce genre de publication. C'est à eux que l'on doit les *Souvenirs de quatre-vingts années intéressantes* de lady Carnaby ».

« J'ai lu ! »

« Bien, alors quand je vous aurai dit que les Mémoires de lady Carnaby ne sont rien, comparés aux Souvenirs de votre oncle, vous comprendrez mon état d'esprit. Et Père apparaît dans presque chaque anecdote ! Je suis horrifiée par tout ce qu'il a fait dans sa jeunesse ! »

« Mais que peut-on faire ? »

« Le manuscrit doit être intercepté avant qu'il n'arrive chez Riggs et Ballinger, et détruit. »

Je me redressai sur mon siège.

Cela me parut plutôt excitant.

« Comment comptez-vous vous y prendre ? » m'enquis-je.

« Comment pourrais-je le faire moi-même ? Ne vous ai-je pas dit que le paquet part demain ? Je me rends ce soir au bal des Murgatroyd et ne serai pas de retour avant lundi. C'est vous qui devez le faire. C'est pourquoi je vous ai envoyé ce télégramme. »

« Comment ? »

Elle me jeta un de ces regards !

« Voulez-vous dire que vous refusez de m'aider, Bertie ? »

« Non, mais... je veux dire... »

« C'est pourtant simple. »

« Mais même si je... Ce que je veux dire, c'est que... Bien sûr... Tout ce qui est en mon pouvoir... Mais... Si vous voyez ce que je veux dire... »

« Vous dites vouloir m'épouser, Bertie ? »

« Oui bien sûr, mais néanmoins... »

---

4. **Must be intercepted :** ici l'obligation est stricte et absolue, car elle dépend de contraintes extérieures ; **is to be intercepted** renverrait à un événement programmé ou une séquence mise au point à l'avance (scénario, plan d'attaque, etc.).

5. **I sat up : up** indique le résultat du mouvement.

6. **This sounded :** m. à m. *« cela sonnait... ».* L'anglais préfère toujours la description la plus concrète ; il utilise donc des verbes variés pour rendre compte des apparences selon la nature des sens mis en jeu : **sound** (ouïe), **look** (vue), **taste** (goût), **feel** (tact, sensations).

7. **Do you mean to say that :** *entendez-vous dire que...* En anglais contemporain, on se contente de **do you mean that...**

For a moment she looked exactly like her old father.

"I will[1] never marry you if those Recollections are published."

"But, Florence, old thing[2]!"

"I mean it. You may look on it as a test, Bertie. If you have the resource and courage to carry this thing through, I will take it as evidence[3] that you are not the vapid[4] and shiftless person most people think you. If you fail, I shall know that your Aunt Agatha was right when she called you a spineless invertebrate and advised me strongly not to marry you. It will be perfectly simple for you to[5] intercept the manuscript, Bertie. It only requires a little resolution."

"But suppose Uncle Willoughby catches me at it? He'd cut me off[6] with a bob[7]."

"If you care more for your uncle's money than for me —"

"No, no! Rather not!"

"Very well, then. The parcel containing the manuscript will, of course, be placed on the hall table tomorrow for Oakshott to take to the village with the letters. All you have to do is to take it away and destroy it. Then your uncle will think it has been lost in the post."

It sounded thin to me.

"Hasn't he got a copy of it?"

"No; it has not been typed. He is sending the manuscript just as he wrote it."

"But he could write it over again."

---

1. **Will** : est moins auxiliaire du futur que modal exprimant la volonté ou le refus comme ici à la forme négative. Cela est d'autant plus marqué qu'à l'époque du récit les auxiliaires **shall** et **will** s'utilisaient encore classiquement : **shall** pour les premières personnes, **will** pour les autres. Le texte donne des exemples de ces divers emplois. Rappel : la formule sacramentelle en usage pour la célébration du mariage est **I will** correspondant à la réponse *Oui* à la question *Voulez-vous prendre pour époux... ?*
2. **Old thing** : cf. **old boy** ; fam. et affectueux.
3. **Evidence** ['evɪdəns] : noter l'absence d'article. **Evidence** désigne, en langue juridique, un ensemble de présomptions concordantes, et se traduit selon les cas par *témoignage, présomption(s)*, parfois *preuve(s)*.
4. **Vapid** : *sans saveur, insipide* ; **shiftless** : *sans ressort, sans ressources, sans énergie*.
5. **(It will be) simple for you to** : sorte de proposition infinitive

Pendant un instant elle ressembla totalement à son vieux père.

« Jamais je ne vous épouserai si ces Souvenirs sont publiés. »

« Mais, Florence, ma bonne amie... »

« C'est ainsi. Vous pouvez y voir une épreuve, Bertie. Si vous trouvez les ressources et le courage nécessaires pour mener à bien cette affaire, il deviendra pour moi évident que vous n'êtes pas la chiffe molle incapable que les gens pensent que vous êtes. Si vous échouez, je saurai que votre tante Agathe avait raison de vous traiter d'invertébré mou, et de me conseiller vivement de ne pas vous épouser. Il vous sera facile d'intercepter le manuscrit, Bertie. Il suffit de le vouloir. »

« Mais supposons qu'oncle Willoughby me surprenne ? Il me deshéritera. »

« Si vous tenez plus à l'argent de votre oncle qu'à moi... »

« Non, non, pas du tout. »

« Fort bien, alors. Le paquet contenant le manuscrit sera, de toute évidence, déposé sur la table de l'entrée, demain, pour qu'Oakshott l'emporte au village avec les lettres. Tout ce que vous aurez à faire sera de le prendre et de le détruire. Ainsi votre oncle pensera qu'il s'est égaré dans le trafic postal. »

Cela me parut un peu mince.

« N'en garde-t-il pas une copie ? »

« Non, le manuscrit n'a pas été dactylographié. Il l'envoie tel qu'il l'a écrit. »

« Mais il pourrait le récrire. »

---

après adj. ou participe passé (cf. plus bas **placed on the table for Oakshott to take to the village**).

6. **He'd cut me off...** : m. à m. *« il me supprimerait [de son testament] avec un shilling »*, cette façon de *déshériter* **(to disinheir)** en ne léguant qu'une somme insignifiante marque l'intention ferme de sanctionner un comportement qui a déplu.

7. **A bob** (pas de **s** au pl.) : terme familier pour **shilling,** vingtième partie de la **pound :** *livre sterling* (**£**) avant sa décimalisation en 1971. **1s.** (abr. de **shilling**) = **12 pence** (sg. **penny,** abr. **d**). Il y avait aussi la **guinea** ['gɪnɪ], unité de prestige valant **1 £ 1 s.,** réservée au règlement d'honoraires (avocats, médecins, architectes) ou au commerce de luxe. La décimalisation de 1971 (**1£ = 100 p** [piː] ou **pence**) supprima les pièces aux valeurs complexes : **half-crown** *(demi-couronne),* **florin** *(2 s.),* **bob, ha'penny** *(demi-penny)...*

"As if[1] he would have the energy!"

"But —"

"If you are going to do nothing but[2] make absurd objections, Bertie —"

"I was only pointing things out[3]."

"Well, don't! Once and for all, will you[4] do me this quite simple act of kindness?"

The way she put it[5] gave me an idea.

"Why not get Edwin to do it? Keep it in the family, kind of[6], don't you know. Besides, it would be a boon[7] to the kid."

A jolly[8] bright idea it seemed to me. Edwin was her young brother, who was spending his holidays at Easeby. He was a ferret-faced[9] kid, whom I had disliked since birth. As a matter of fact, talking of Recollections and Memories, it was young blighted[10] Edwin who, nine years before, had led his father to where I was smoking his cigar and caused all the unpleasantness. He was fourteen now and had just joined[11] the Boy Scouts. He was one of those thorough[12] kids, and took his responsibilities pretty seriously. He was always in a sort of fever because he was dropping behind schedule[13] with his daily acts of kindness. However hard he tried[14], he'd fall behind; and then you would find him[15] prowling about the house setting such a clip[16] to try and catch up with himself that Easeby was rapidly becoming a perfect hell for man and beast[17].

---

1. **As if** : *comme si* ; on trouve aussi **as though**. Noter l'emploi inhabituel de l'auxiliaire **would** : en principe, on ne met pas plus le conditionnel après **if** que le futur après **when**. Voir aussi n. 1, p. 38.

2. **Nothing but** : *rien [d'autre] que* ; **but** a souvent ce sens rectritcif après une négation (cf. n. 7, p. 34).

3. **To point out** : *signaler, mettre l'accent sur, attirer l'attention.*

4. **Will you** : *voulez-vous* et non futur (n. 1, p. 38).

5. **To put** : *mettre* ; **to put it** : (le) *formuler*, (le) *dire*, (l') *exprimer.*

6. **Kind of** : (fam.) *en quelque sorte, en somme* ; forme elliptique qu'on trouve parfois au début : **Kind of keep it in...**

7. **Boon** : *aubaine, avantage, bienfait.*

8. **Jolly** : *gai, joyeux, plaisant,* peut être adverbe (cf. **a jolly good fellow** : *un sacré brave type*), comme **pretty** ; **a pretty nice guy** : *un type drôlement sympathique.* Cf. **pretty seriously.**

9. **Ferret-faced** : noter l'adjectivation obtenue en ajoutant **-ed** à une

« Comme s'il en avait la force et la volonté ! »

« Mais... »

« Bertie, si vous comptez ne rien faire que soulever des objections absurdes... »

« Je ne faisais que souligner certains points. »

« Eh bien, ne le faites pas ! Une fois pour toutes, voulez-vous oui ou non accomplir cette banale bonne action pour moi ? »

La manière dont elle le dit me donna une idée.

« Pourquoi ne pas prendre Edwin pour le faire ? En somme, on resterait dans la famille. Et puis le gosse y trouverait son compte. »

Ça me semblait une idée bigrement géniale. Edwin était son jeune frère, en vacances à Easeby. C'était un gamin avec une tête de furet, et que je détestais depuis sa naissance. Pour tout vous dire, puisque nous en sommes aux Souvenirs et Mémoires, c'est ce chenapan qui, neuf ans plus tôt, en conduisant son père à l'endroit où je fumais un de ses cigares, m'avait causé tout ce désagrément. Il avait quatorze ans à présent, et venait d'entrer chez les scouts. C'était un de ces gamins consciencieux, qui prenait ses responsabilités très à cœur. Il était dans une sorte de transe perpétuelle, car toujours en retard sur son programme quotidien de bonnes actions. Quelque effort qu'il fît, il prenait du retard ; alors on le voyait rôder çà et là dans la maison, s'activant à un rythme tel pour tenter de se mettre à jour qu'Easeby en devenait vite un véritable enfer pour tout un chacun.

---

expression associant deux noms : **face** : *visage,* et **ferret** : *furet,* dont le second qualifie le premier.

10. **Blighted** : *vaurien, maudit, sacré* (euph. pour **blasted**).

11. **To join** : *s'engager ; entrer en fonction.* Le mouvement des Éclaireurs, qui doivent un certain nombre de « bonnes actions », avait été fondé en 1908 par Baden-Powell.

12. **Thorough** : *qui va au bout des choses ; complet, exhaustif.*

13. **To drop behind schedule** (GB : [ˈʃedjuːl], US : [ˈskedjuːl]) : *prendre du retard par rapport à un planning, une programmation.*

14. **However hard he tried** : à noter la place de l'adv. **hard.**

15. **He'd fall behind, you would find him** : **would** exprime ici le caractère répétitif et habituel d'une action.

16. **To set a clip** : *faire/fixer l'allure* ; **to set** : *régler ; établir, fixer.* **Clip** : 1) *agrafe, pince, serre* ; 2) *tonte* (laine) ; 3) *fin voilier, navire rapide* ; 4) *coupure de presse, de journal.*

17. **For man and beast** : m. à m. *« pour (l') homme et (la) bête ».*

41

The idea didn't seem to strike[1] Florence.

"I shall do nothing of the kind[2], Bertie. I wonder[3] you can't appreciate[4] the compliment I am paying[5] you — trusting you like this."

"Oh, I see that all right, but what I mean is, Edwin would do it so much better than I would[6]. These Boy Scouts are up to[7] all sorts of dodges. They spoor, don't you know, and take cover and creep about, and what not[8]."

"Bertie, will you or will you not do this perfectly trivial thing for me? If not, say so[9] now, and let us end this farce of pretending[10] that you care a snap of the fingers for me[11]."

"Dear old soul, I love you devotedly[12]!"

"Then will you or will you not —"

"Oh, all right," I said. "All right! All right! All right!"
And then I tottered forth to think it over. I met Jeeves in the passage just outside.

"I beg your pardon, sir. I was endeavouring[13] to find you."

"What's the matter?"

"I felt that I should tell you, sir, that somebody has been putting black polish on our brown walking shoes."

"What! Who? Why?"

"I could not say, sir."

"Can anything be done with them[14]?"

"Nothing, sir."

"Damn[15]!"

"Very good, sir."

---

1. **To strike (struck, stricken)** : *frapper.*
2. **Nothing of the kind** : m. à m. *« rien de ce genre ».*
3. Noter l'emploi absolu de **wonder** sans **if, whether** ou **how** (cf. 1re ligne, p. 44).
4. **To appreciate** : *apprécier à sa juste valeur, donner du prix à.*
5. **To pay a compliment** : *rendre hommage.*
6. **Than I would** : noter la reprise par l'auxiliaire.
7. **Are up to** : *sont capables de.*
8. **And what not** : *et [je ne sais] quoi encore.* Noter que le nom **what-not** désigne un *guéridon* à étage.
9. **Say so** : m. à m. *« dites ainsi ».* Rappel : **I think so** : *je le pense ;* **I hope so** : *je l'espère ;* **he did so** : *il le fit.*

Cette idée ne sembla pas séduire Florence.

« Je n'en ferai rien, Bertie. Je m'étonne que vous soyez incapable d'apprécier l'honneur que je vous fais à vous accorder ainsi ma confiance. »

« Oh, j'en suis tout à fait conscient, mais ce que je veux dire, c'est qu'Edwin ferait cela tellement mieux que moi. Ces boy-scouts sont rompus à toutes les ruses. Ils savent traquer, pister, non, et se dissimuler, ramper, et je ne sais quoi encore. »

« Bertie, oui ou non, ferez-vous pour moi cette chose parfaitement banale ? Si c'est non, dites-le maintenant, et finissons-en avec cette comédie qui tend à me faire croire que vous tenez à moi un tant soit peu. »

« Chère âme, je vous aime à la folie. »

« Alors c'est oui, ou c'est non ? »

« D'accord », dis-je. « D'accord, d'accord, d'accord ! »

Je sortis en vacillant, histoire de réfléchir. Je rencontrai Jeeves dans le couloir, la porte à peine franchie.

« Je demande pardon à monsieur, je cherchais à voir monsieur. »

« Que se passe-t-il ? »

« Il est de mon devoir de dire à monsieur que quelqu'un a ciré nos chaussures de marche marron avec du cirage noir. »

« Quoi, qui, pourquoi ? »

« Je ne saurais le dire, monsieur. »

« Y a-t-il quoi que ce soit à faire ? »

« Rien, monsieur. »

« Sacré nom ! »

« Très bien, monsieur. »

---

10. **To pretend :** ▲ *faire semblant, feindre, affecter de. Prétendre :* **to claim, to assert, to allegate.**
11. **You care a snap of the fingers for me :** m. à m. *« que vous m'accordez pour un claquement de doigts d'estime ».*
12. **Devotedly :** *avec dévotion.*
13. **To endeavour :** *s'efforcer, faire des efforts, tout son possible pour.*
14. **Can anything be done with them? :** m. à m. *« est-ce que quelque chose peut être fait avec elles ? ».*
15. **Damn :** attention à bien prononcer [dæm]. Terme très fort, surtout à l'époque. On aurait pu envisager une traduction par N... de D... ! M...e !

I've often wondered since then how these murderer fellows [1] manage to keep in shape while they're contemplating [2] their next effort. I had a much simpler sort of job on hand [3], and the thought of it rattled me to such an extent in the night watches that I was a perfect wreck next day. Dark circles under the eyes — I give you my word! I had to call on [4] Jeeves to rally round with one of those life-savers of his [5].

From breakfast on I felt like a bag-snatcher [6] at a railway station. I had to hang about waiting for the parcel to be put [7] on the hall table, and it wasn't put. Uncle Willoughby was a fixture [8] in the library [9], adding the finishing touches to the great work, I supposed, and the more I thought the thing over the less [10] I liked it. The chances against [11] my pulling it off seemed about three to two, and the thought of what would happen if I didn't gave me cold shivers [12] down the spine. Uncle Willoughby was a pretty mild sort of old boy, as a rule, but I've known him to cut up rough [13], and, by Jove, he was scheduled to [14] extend himself if he caught me trying to get away with his life work.

It wasn't till nearly four that he toddled out of the library with the parcel under his arm, put it on the table, and toddled off again. I was hiding a bit to the south-east at the moment, behind a suit of armour. I bounded out and legged it for the table. Then I nipped [15] upstairs to hide the swag [16].

---

1. **Murderer fellows** : *assassins* (m. à m. *« types assassins »*) ; Bertie aurait pu se contenter de **murderers,** mais il affectionne ce genre d'approximation.
2. **To contemplate** : *envisager, réfléchir à, examiner la possibilité* ou *la faisabilité* (projet).
3. **On hand** : *sous la main, en main(s), à portée de main.*
4. **To call on** : 1) *faire appel à* (professionnel, médecin) ; 2) *rendre visite, passer voir.*
5. **... of his** : cette relation de possession signifie m. à m. : ...*« à lui qui lui est propre, qui lui appartient en propre »* ; cf. fr. *un sien...*
6. **To snatch** : *dérober prestement, saisir d'un geste vif.*
7. **Waiting for the parcel to be put** : proposition infinitive ; cf. n. 5, p. 38.
8. **Fixture** : 1) *installation* ou *meuble permanent* ; 2) *date convenue* ; 3) *rat de...*, qqn qui ne quitte jamais un lieu (*« qui fait partie des meubles »*).

44

Je me suis depuis souvent demandé comment les assassins se débrouillent pour rester en forme pendant qu'ils préparent un nouveau coup. J'avais un travail bien plus simple sur les bras, mais l'idée de ce que j'avais à accomplir me secoua tellement au cours de la nuit d'insomnie qui suivit que, le lendemain matin, j'étais une vraie épave. Je vous donne ma parole que j'avais des cernes noirs sous les yeux. Je dus appeler Jeeves pour me remettre grâce à un remontant de son cru.

À partir du petit déjeuner, je me sentis comme un voleur de valises dans une gare. Il me fallait guetter le moment où le paquet serait déposé dans l'entrée, mais cela ne venait pas. Oncle Willoughby s'était transformé en rat de bibliothèque, mettant, je suppose, la touche finale au grand œuvre ; et, plus je repensais à tout ça, moins cela me plaisait. Les chances que j'avais de réussir ce rapt me semblaient être de deux contre trois, et la pensée de ce qui m'arriverait si j'échouais me glaçait la colonne vertébrale. Oncle Willoughby était généralement une bonne pâte, mais je l'avais vu devenir terrible, et sacrédié, il sortirait probablement de ses gonds s'il me surprenait en train de m'enfuir avec l'œuvre de sa vie.

Il n'était pas loin de quatre heures quand il sortit en trottinant de la bibliothèque, le paquet sous le bras. Il le posa sur la table et s'en fut, toujours trottinant. Moi, à ce moment-là, j'étais dissimulé vers le sud-est, derrière une armure. Je me précipitai d'un bond vers la table. Puis je me ruai à l'étage pour cacher le butin.

---

9. **Library** ['laɪbrən] : ▲ *bibliothèque ; librairie :* **bookshop.**
10. **The more..., the less... :** *plus* (+ v.), *moins* (+ v.) sur le modèle de **the more..., the more... :** *plus..., plus.*
11. **The chances... were three to two :** m. à m. : *les chances contre [d'échouer] étaient de trois contre deux.*
12. **Cold shivers :** *frissons glacés.*
13. **To cut up rough :** *s'emporter, éclater, exploser.*
14. **He was scheduled to :** *il était destiné à* (moderne : *programmé pour*).
15. **To nip (up) :** *se hâter, se précipiter ;* (fam.) *se magner, se grouiller, gicler.*
16. **Swag :** *butin, marchandises raflées,* mais aussi *creux, effondrement, ballottement.*

I charged in like a mustang and nearly stubbed my toe [1] on young blighted Edwin, the Boy Scout. He was standing at the chest of drawers, confound him, messing about [2] with my ties.

"Hallo!" he said.

"What are you doing here [3]?"

"I'm tidying [4] your room. It's my last Saturday's act of kindness."

"Last Saturday's?"

"I'm five days behind. I was six till last night, but I polished your shoes."

"Was it you —"

"Yes. Did you see them? I just happened to think of it [5]. I was in here, looking round. Mr Berkeley had this room while you were away. He left this morning. I thought perhaps he might have left [6] something in it that I could have sent on [7]. I've often done [8] acts of kindness that way."

"You must be a comfort [9] to one and all [10]!"

It became more and more apparent [11] to me that this infernal kid must somehow be turned out eftsoons or right [12] speedily. I had hidden the parcel behind my back, and I didn't think he had seen it ; but I wanted to get at that chest of drawers quick, before anyone else came along.

"I shouldn't bother [13] about tidying the room," I said.

"I like tidying it. It's not a bit of trouble [14] — really."

"But it's quite tidy now.

---

1. **Stubbed my toe** : m. à m. « *je coinçai mon orteil* ».
2. **Mess** : *pagaille, désordre* ; **to mess about ≠ to tidy**.
3. **What are you doing here?** : les questions directes de ce genre marquent en général la mauvaise humeur ou l'agressivité.
4. **To tidy** ['taɪdɪ] : *mettre en ordre, ranger* ; (adj.) *bien rangé, ordonné ; propre et net.*
5. **I just happened to think of it** : m. à m. « *je me suis justement trouvé y penser* ».
6. **He might have left sth** : m. à m. « *il pouvait avoir laissé qqch.*, d'où *il se pouvait qu'il ait laissé qqch*. Le défectif **may** n'ayant que la forme simple **might** au passé, on fait porter l'antériorité sur le v. qui suit en le mettant à l'infinitif passé.
7. **I could have sent on** : cf. n. 6.

46

Je chargeai comme un cheval sauvage, et manquai de buter dans cette vermine d'Edwin le boy-scout. Le diable l'emporte, il était devant la commode, en train de mettre la pagaille dans mes cravates.

« Salut ! » dit-il.

« Qu'est-ce que tu fiches ici ? »

« Je range votre chambre, c'est ma bonne action de samedi dernier. »

« Samedi dernier ? »

« J'ai cinq jours de retard, j'en avais six jusqu'à hier soir ; mais j'ai ciré vos chaussures. »

« C'était donc toi... »

« Oui, vous les avez vues ? Heureusement que j'y ai pensé. J'étais en train de jeter un coup d'œil dans cette chambre, M. Berkeley l'occupait pendant votre absence. Il est parti ce matin. Je me suis dit qu'il avait peut-être oublié quelque chose que j'aurais pu lui renvoyer. Je fais souvent des bonnes actions de ce genre. »

« Tu dois être la providence de tout un chacun. »

Il m'apparaissait de plus en plus clairement que je devais vivement et sans le moindre délai me débarrasser de cet infernal gamin. J'avais caché le paquet derrière mon dos et je ne pensais pas qu'il l'avait vu ; mais je voulais atteindre la commode rapidement, avant que quelqu'un d'autre ne survienne. »

« Ne te donne pas tout ce mal pour ranger la chambre. »

« Mais j'aime ça. Ça ne me dérange absolument pas, parole. »

« Mais c'est à peu près rangé maintenant. »

---

8. **I have often done...** : ici, on pourrait traduire le present perfect par *je fais souvent...*
9. **A comfort** : *un réconfort, une satisfaction.*
10. **To one and all** : m. à m. *à un et tous.*
11. **More and more apparent** : avec l'adj. long, *de plus en plus* se traduit par **more and more** ; avec un adj. court, **fast** par exemple, on aurait **faster and faster.**
12. **Eftsoons or right** + adv. ou adj. : forme archaïque.
13. **I shouldn't bother** : sous-entendu : **If I were you** : *si j'étais à ta place...* **To bother** ['bɒðər], *se donner du mal, de la peine, se déranger.*
14. **Not a bit of trouble** : *pas le moindre mal, aucun dérangement.*

"Not so tidy as I shall make it[1]."

This was getting perfectly rotten. I didn't want to murder the kid, and yet there didn't seem any other way of shifting[2] him. I pressed down the mental accelerator. The old lemon[3] throbbed fiercely[4]. I got an idea.

"There's something much kinder than that which you could do," I said. "You see that box of cigars? Take it down to the smoking-room and snip off[5] the ends for me[6]. That would save me no end of trouble[7]. Stagger along, laddie[8]."

He seemed a bit doubtful; but he staggered. I shoved the parcel into a drawer, locked it, trousered the key[9], and felt better. I might be a chump, but, dash it, I could out-general[10] a mere kid with a face like a ferret. I went downstairs again. Just as I was passing the smoking-room door out curveted Edwin[11]. It seemed to me that if he wanted to do a real act of kindness he would commit suicide[12].

"I'm snipping them," he said.

"Snip on! Snip on[13]!"

"Do you like them snipped much, or only a bit?"

"Medium[14]."

"All right. I'll be getting on, then."

"I should[15]."

And we parted.

---

1. **Not so... as I shall make it** : m. à m. « pas autant... que je le ferai ».
2. **To shift** : (arch., dans ce contexte) déplacer, bouger.
3. **Old lemon** : autre façon familière d'appeler la tête.
4. **Fiercely** (adv.) : sauvagement, furieusement.
5. **To snip off** : tailler (plantes, fleurs), couper.
6. **For me** : noter la place du complément indirect.
7. **No end of trouble** : des ennuis sans fin, sans nombre.
8. **Laddie** : petit gars, diminutif fam. de **lad** : garçon (de ferme, d'écurie).
9. **Trousered the key** : création verbale transparente de P.G. Wodehouse, sur **trousers** : pantalon.
10. **Out-general** : autre création verbale, sur le modèle de **out-**

« Pas aussi bien rangé que quand j'aurai fini. »

Tout cela devenait parfaitement ignoble. Je ne tenais pas à assassiner le gosse, bien qu'il ne semblât pas y avoir d'autre solution pour le déloger. J'écrasai l'accélérateur mental et ma vieille caboche palpita violemment. J'eus une idée.

« Tu pourrais faire quelque chose de plus gentil que ce que tu es en train de faire », dis-je. « Tu vois cette boîte de cigares ? Emporte-la au fumoir, et prépare-les pour moi. Cela m'évitera bien de la peine. Exécution, mon petit gars. »

Il sembla dubitatif, mais s'exécuta. Je fourrai le paquet dans un tiroir, le verrouillai, mis la chef dans ma poche de pantalon, et me sentis enfin mieux. Je suis peut-être un gros lourdaud mais, sapristi, ce n'est pas un simple gamin à face de furet qui me damera le pion. Je redescendis. Alors que je passais devant le fumoir, surgit Edwin. Je me dis que s'il voulait vraiment faire une BA, il n'avait qu'à se suicider.

« Je suis en train de les couper », dit-il.

« Coupe, coupe. »

« Vous les aimez coupés un peu, ou beaucoup ? »

« Moyennement. »

« Parfait, alors j'y retourne. »

« Bonne idée. »

Nous nous séparâmes.

Caesar Caesar (Shakespeare) : *faire mieux que César, surpasser César, battre César à son propre jeu.*

11. **Out curveted Edwin :** m. à m. « *voici qu'Edwin sortit en faisant une courbette* » ; **curvet :** *courbette* (équitation : figure de haute école).

12. **To commit suicide :** *se suicider.* Noter qu'il n'existe pas d'autre verbe.

13. **Snip on :** *continue à couper,* comme dans **get on,** la postposition **on** indique la poursuite de l'action.

14. **Medium :** *moyen :* état intermédiaire entre **large :** *grand* et **small :** *petit,* pour la taille des vêtements.

15. **I should :** *c'est ce que je ferais* (si j'étais toi).

Fellows who know all about that sort of thing [1] — detectives [2], and so on — will tell you that the most difficult thing in the world is to get rid of [3] the body [4]. I remember, as a kid [5], having to learn by heart a poem about a bird [6] by the name of [7] Eugene Aram, who had the deuce of a job [8] in this respect. All I can recall of the actual [9] poetry is the bit that goes:

> Tum-tum, tum-tum, tum-tumty-tum,
> I slew [10] him, tum-tum tum!

But I recollect that the poor blighter spent much of his valuable time dumping the corpse into ponds and burying it, and what not, only to have it pop out at [11] him again. It was about an hour after I had shoved the parcel into the drawer when [12] I realized that I had let myself in for [13] just the same sort of thing.

Florence had talked in an airy sort of way [14] about destroying the manuscript; but when one came down to it [15], how the deuce can a chap [16] destroy a great chunky mass of paper in somebody else's house in the middle of summer? I couldn't ask to have a fire in my bedroom, with the thermometer in the eighties [17]. And if I didn't burn the thing, how else could I get rid of it? Fellows on the battlefield eat dispatches to keep them from falling into the hands of the enemy, but it would have taken me a year to eat Uncle Willoughby's Recollections.

I'm bound to [18] say the problem absolutely baffled [19] me. The only thing seemed to be to leave the parcel in the drawer and hope for the best.

---

1. **That sort of thing** : cette expression très banale ne prend pas la marque du pluriel.
2. **Detective (-inspector)** : *inspecteur (en civil).*
3. **To get rid of** : *se débarrasser de.*
4. **Body** : *corps ;* **[dead] body** : *cadavre.*
5. **As a kid** : *étant gamin.* Ne pas oublier l'article **a.**
6. **A bird** : (argot arch.) *un zigoto, un péquin ;* (argot mod.) *une nana, une gonzesse.*
7. **By the name of** : *du nom de ;* Noter la préposition **of.**
8. **The deuce of a job** : (fam.), *un diable de boulot ;* **deuce** [dju:s], mis pour **devil, damn.**
9. **Actual** : ▲ *vrai, réel ; actuel* : **current, present-day, contemporary.**
10. **To slay, slew, slewn** : *assassiner, abattre.*

Les gens qui savent tout de ce genre de choses, les inspecteurs de police et consorts, vous diront que la chose la plus difficile au monde, c'est de faire disparaître le cadavre. Je me souviens d'avoir dû, quand j'étais gosse, apprendre par cœur un poème sur un zèbre du nom d'Eugène Aram, qui avait un énorme problème de ce genre. Tout ce qui me reste en mémoire du poème lui-même, c'est :

> Na na na na, ta-ta-ta-ta,
> Je l'ai tué, ta-ta-ta-ta !

Mais je me souviens parfaitement que le pauvre type passait la majeure partie de son temps précieux à se débarrasser du corps dans des mares, ou à l'enterrer et je ne sais quoi encore ; et tout ça pour le voir se dresser à nouveau devant lui. Ce fut environ une heure après avoir enfermé le paquet dans la commode que je me rendis compte que je m'étais mis dans exactement le même pétrin.

Florence avait, d'un air léger, parlé de détruire le manuscrit ; mais en y réfléchissant, comment diable peut-on détruire une masse volumineuse de papier chez autrui, au beau milieu de l'été ? Je ne pouvais guère réclamer qu'on fît du feu dans ma chambre, quand le thermomètre marquait plus de vingt-cinq degrés. Et si je ne le brûlais pas, comment m'en débarrasser autrement ? Sur les champs de bataille, les gars avalent les messages pour qu'ils ne tombent pas entre les mains de l'ennemi ; mais il m'aurait fallu toute une année pour manger les Mémoires de l'oncle Willoughby.

Je dois dire que le problème me dépassait totalement. La seule chose à faire, apparemment, était de laisser le paquet dans le tiroir en espérant que tout se passe pour le mieux.

---

11. **To pop up at him** : *surgir comme un diable de sa boîte devant lui ;* at marque souvent l'opposition.
12. **After... when** : Noter **when** là où le fr. emploie *que.*
13. **I had let myself in for...** : « *je m'étais laissé allé dans la même... ».*
14. **An airy sort of way** : « *une sorte de manière aérée ».*
15. **To come down to it** : *en venir, s'en tenir aux faits, se colleter avec les faits.*
16. **A chap** : *un individu, un gars,* d'où *on, qqn.*
17. **In the eighties** : *dans les 80* (cf. n. 11, p. 35) ; il s'agit de degrés Farenheit, qu'on convertit en degrés Celsius en appliquant la formule $C = (F - 32) \times 5 : 9$.
18. **Bound to** : m. à m. « *destiné à ».*
19. **To baffle** : *contrarier, perturber, intriguer.*

I don't know whether[1] you have ever[2] experienced[3] it, but it's a dashed[4] unpleasant thing having a crime[5] on one's[6] conscience. Towards the end of the day the mere sight of the drawer began to depress me. I found myself getting all on edge[7]; and once when Uncle Willoughby trickled[8] silently into the smoking-room when I was alone there and spoke to me before I knew he was there, I broke the record for the sitting high jump.

I was wondering all the time when Uncle Willoughby would sit up and take notice[9]. I didn't think he would have time to[10] suspect that anything had gone wrong[11] till Saturday morning, when he would be expecting, of course, to get the acknowledgement[12] of the manuscript from the publishers. But early on Friday evening he came out of the library as I was passing and asked me to step in. He was looking considerably rattled.

"Bertie," he said — he always spoke in a precise sort of pompous kind of way — "an exceedingly disturbing thing has happened. As you know, I dispatched the manuscript of my book to Messrs[13] Riggs and Ballinger, the publishers, yesterday afternoon. It should have reached them by the first post this morning. Why I should have been uneasy[14] I cannot say, but my mind was not altogether at rest[15] respecting the safety of the parcel. I therefore telephoned to Messrs Riggs and Ballinger a few moments back[16] to make inquiries.

---

1. **Whether** : *si oui ou non* ; **if** = *si* (plus de deux choix).
2. **Ever** : △ *jamais* au sens de *une fois, un jour*.
3. **To experience** : *connaître, vivre une expérience* (personnelle, intime). Mais : **to experiment** : *expérimenter* (en laboratoire) ; **experience** : *expérience acquise* ; **experiment** : *expérimentation, expérience* (de labo).
4. **Dashed** : toujours le même type d'euph.
5. **Having a crime** : m. à m. « *le fait d'avoir* » ; **having** : nom verbal sujet réel de **it's**, a pour complément **a crime**.
6. **One's** : le pron. impersonnel *one, on,* prend le cas possessif, comme le pr. indéfini **else's** p. 50.
7. **On edge** : *à cran, remonté, à bout de nerf*.
8. **To trickle** : *couler en mince filet*.
9. **To take notice** : *remarquer* ; **notice** : *avis, annonce, affiche, placard*.

Je ne sais pas si vous savez ce que c'est, mais c'est une chose sacrément déplaisante que d'avoir un crime sur la conscience. C'est vers la fin de la journée que la simple vue de la commode commença à me déprimer. Je me sentais à bout de nerfs, et quand l'oncle Willoughby se glissa silencieusement dans le fumoir alors que j'y étais seul et qu'il me parla avant que je ne me fusse rendu compte de sa présence, j'en battis le record du saut en hauteur départ assis.

Je ne cessais de me demander à quel moment l'oncle Willoughby se redresserait en s'apercevant de quelque chose. Je ne pensais pas qu'il aurait le temps de soupçonner que quoi que ce soit ne tournait pas rond avant le samedi matin, moment où, bien sûr, il s'attendrait à recevoir l'accusé de réception du manuscrit de la part des éditeurs. Mais vers la fin de l'après-midi de jeudi, alors que je passais devant la bibliothèque, il en sortit pour me demander de l'y suivre. Il avait l'air tout à fait perturbé.

« Bertie (il parlait toujours d'une espèce de façon à la fois pompeuse et précise), une chose extrêmement fâcheuse est survenue. Comme tu le sais, j'ai envoyé le manuscrit de mon livre à messieurs Riggs et Ballinger, les éditeurs, hier après-midi. Il aurait dû leur parvenir par la première distribution ce matin. Pourquoi j'étais inquiet, je ne saurais le dire, mais mon esprit n'était pas tout à fait en paix quant à la sécurité du paquet. J'ai donc, voici quelques instants, téléphoné à messieurs Riggs et Ballinger pour m'informer.

---

10. **Have time to :** noter l'absence d'article.
11. **To go wrong :** *aller mal* ≠ **go for the best :** *bien se passer*.
12. **Acknowledgement :** *accusé de réception ; reconnaissance d'une dette morale, remerciements* (édition) ; **to acknowledge :** *accuser réception ; reconnaître* ou *admettre une dette envers qqn* (édition).
13. **Messrs :** *MM., messieurs.* Prononcer ['mesəz]. S'emploie devant des noms propres.
14. **Why I should have been uneasy :** forme de subjonctif : (la raison qui fait) *que j'aie été mal à l'aise*.
15. **At rest :** *au repos, en paix, tranquille*.
16. **A few moments back :** **back** à la place de **ago** est assez fréquent de nos jours pour des périodes de temps plus longues : **a few weeks/months/years back.**

To my consternation they informed me that they were not yet in receipt [1] of my manuscript.''

''Very rum!''

''I recollect distinctly placing [2] it myself on the hall table in good time [3] to be taken to [4] the village. But here is a sinister thing. I have spoken to Oakshott, who took the rest of the letters to the post office, and he cannot recall seeing [2] it there. He is, indeed, unswerving in his assertions [5] that when he went to the hall to collect [6] the letters there was no parcel among them.''

''Sounds funny [7]!''

''Bertie, shall I tell you [8] what I suspect?''

''What's that?''

''The suspicion will no doubt sound to you incredible, but it alone seems to fit the facts as we know them. I incline to the belief [9] that the parcel has been stolen.''

''Oh, I say [10]! Surely not!''

''Wait! Hear me out [11]. Though I have said nothing to you before, or to anyone else, concerning the matter, the fact remains that during the past few weeks a number of objects – some valuable, others not – have disappeared in this house. The conclusion to which one is irresistibly impelled [12] is that we have a kleptomaniac in our midst [13].''

---

1. **To be in receipt** [rı'si:t] : m. à m. *« être en réception »* ; expression désuète qui a survécu longtemps dans la correspondance commerciale ; **a receipt** : *un reçu.*

2. **Recollect placing, recall seeing** : l'objet du souvenir est rendu par un n. verbal ; on aurait de même **I remember leaving it here** : *je me rappelle l'avoir laissé ici.* Mais on dira **remember to call us back!** : *n'oubliez pas de nous rappeler.*

3. **In good time** : *à temps, à l'heure.*

4. **To take to** : *porter à, emporter à, emmener à.*

5. **He is, indeed, unswerving, in his assertions** : m. à m. *« il est même inébranlable dans ses affirmations ».* **To swerve** : *onduler, faire un écart, dévier, s'écarter.*

6. **To collect** : *ramasser, collecter, prendre ; lever, faire la levée*

À ma consternation, ils m'ont informé ne pas être encore en possession de mon manuscrit. »

« Très étrange ! »

« Je me remémore fort distinctement l'avoir moi-même placé sur la table de l'entrée, à temps pour être emporté au village. Mais voici qui est sinistre : j'en ai parlé à Oakshott, qui a déposé le reste du courrier au bureau de poste, et il ne se rappelle pas l'y avoir vu. Il affirme en fait très catégoriquement qu'il n'y avait aucun paquet parmi les lettres quand il est passé les prendre dans l'entrée. »

« Cela semble drôle ! »

« Bertie, veux-tu savoir ce que je soupçonne ? »

« De quoi s'agit-il ? »

« Le soupçon te semblera sans doute incroyable, mais lui seul paraît expliquer les faits tels que nous les connaissons. J'incline à croire que le paquet a été volé. »

« Oh, voyons, sûrement pas ! »

« Attends, laisse-moi terminer. Quoique je n'aie rien dit à ce sujet auparavant ni à toi ni à quiconque, il n'en demeure pas moins qu'un certain nombre d'objets, quelques-uns de valeur, d'autre pas, ont disparu dans la maison au cours de ces dernières semaines. La conclusion à laquelle l'on est irrésistiblement contraint, c'est que nous abritons un kleptomane en notre sein.

(PTT). **Collection** : 1) *collection* ; 2) *ramassage, collecte ; levée* (du courrier). **Collect call** (US) : *appel en PCV* (téléphone).
7. **Sounds funny** : omission du sujet.
8. **Shall I tell you** : **shall** en tête de phrase est moins un futur qu'une façon de demander l'avis de l'interlocuteur.
9. **Belief** [bɪ'li:f] : *croyance ;* **I incline to the belief** est d'un style pompeux.
10. **I say** : m. à m. *« je dis »,* tournure idiomatique équivalant à peu près à *dites, dites donc* ou *dis donc.*
11. **Hear me out** : la postposition **out** exprime l'idée d'aller *jusqu'au bout,* de faire *complètement.*
12. **To impel** : *imposer, contraindre.*
13. **In our midst** : *parmi nous* (pompeux ou poétique).

It is a peculiarity of kleptomania, as you are no doubt aware[1], that the subject is unable to[2] differentiate between the intrinsic value of objects. He will purloin an old coat as readily as a diamond ring, or a tobacco pipe costing but[3] a few shillings with the same eagerness as a purse of gold. The fact that this manuscript of mine[4] could be of no possible value to any outside person convinces me that – "

"But, uncle, one moment; I know all about those things that were stolen. It was Meadowes, my man, who pinched them. I caught him snaffling my silk socks. Right in the act[5], by Jove!"

He was tremendously impressed.

"You amaze me, Bertie! Send for[6] the man at once and question[7] him."

"But he isn't here. You see, directly[8] I found that he was a sock-sneaker I gave him the boot. That's why I went to London — to get a new man."

"Then, if the man Meadowes is no longer in the house it could not be he who[9] purloined my manuscript. The whole thing[10] is inexplicable."

After which[11] we brooded for a bit[12]. Uncle Willoughby pottered about[13] the room, registering[14] baffledness, while I sat sucking at a cigarette, feeling rather like a chappie[15] I'd once read about in a book, who murdered another cove and hid the body under the dining-room table, and then had to be the life and soul of a dinner party[16], with it there all the time.

---

1. **To be aware** : *être conscient, se rendre compte*.
2. **Unable to** : *incapable de* ; ce contraire de **able to** peut donc servir de forme de substitution à **cannot**.
3. **Costing but** : rappel, **but** a quelquefois la valeur restrictive de *que* ; cf. n. 7, p. 34, et n. 2, p. 40.
4. **Of mine** : cf. n. 5, p. 44.
5. **Right in the act** : m. à m. *« juste en plein acte »*.
6. **To send for** : *envoyer chercher, faire prendre* ; **send for the doctor** : *faites venir le médecin*.
7. **To question** : (tr.) 1) *interroger, questionner* ; 2) *mettre en doute, contester*.
8. **Directly** ['daɪreklɪ/dɪ'reklɪ] : m. à m. *« directement après que »*.
9. **He who...** : noter le pr. sujet **he**, sujet réel de **purloined** par le biais du relatif **who** (cf. n. 7, p. 22).

C'est une particularité du kleptomane, comme tu n'es pas sans le savoir, que d'être incapable de différencier la valeur intrinsèque des objets. Il subtilisera un vieux manteau aussi volontiers qu'une bague de diamants, ou une pipe de quelques shillings avec le même empressement qu'une bourse pleine d'or. Le fait que mon manuscrit ne présente aucune valeur pour quelqu'un d'autre que moi me convainc que... »

« Mais, mon oncle, un moment. Je sais tout au sujet de ces choses qui ont été dérobées. C'est Meadowes, mon valet, qui les a chapardées. Je l'ai surpris en train de me piquer mes chaussettes de soie. La main dans le sac, nom d'une pipe. »

Il fut terriblement impressionné.

« Tu m'étonnes, Bertie, fais-le venir immédiatement et questionne-le. »

« Mais, voyez-vous, il n'est plus là. Dès que j'ai découvert que c'était un chapardeur de chaussettes, je l'ai saqué. C'est pourquoi je suis allé à Londres, afin de chercher un nouveau valet. »

« Alors si ce valet, Meadowes, n'est plus dans cette maison, ce ne peut être lui qui a dérobé mon manuscrit. Tout cela est inexplicable. »

Après quoi, nous ruminâmes tout cela pendant quelques instants. L'oncle Willoughby déambulait dans la pièce, respirant la perplexité, tandis que je restais assis à tirer sur une cigarette. Je me sentais un peu comme ce type, dont j'avais lu l'histoire dans un livre, qui en avait assassiné un autre, puis caché le corps sous la table de la salle à manger et avait dû ensuite jouer le boute-en-train de la soirée, avec le cadavre constamment sous ses pieds.

---

10. **The whole thing :** *la chose / l'affaire tout entière*. Comparer la place de **whole** [həul] avec celle de **all** [ɔːl] : **the whole week, all the week.**
11. **Which :** pr. relatif neutre (pour les objets) : *ce que, ce qui,* sujet ou complément.
12. **For a bit :** *pendant quelque temps ;* **bit :** *(petit) bout, morceau ; (court) instant.* Noter cette ambivalence dans l'espace et dans le temps de mots comme **bit**.
13. **To potter about :** m. à m. *« bricoler ».*
14. **To register :** *enregistrer ; mettre / envoyer en recommandé* (PTT).
15. **Chappie :** diminutif de **chap ; cove :** *oiseau, gars.*
16. **The life and soul of a dinner party :** m. à m. *« la vie et l'âme d'une réception à dîner ».*

My guilty secret oppressed me to such an extent that after a while I couldn't stick it any longer [1]. I lit another cigarette and started for a stroll in the grounds, by way of [2] cooling off.

It was one of those still evenings you get in the summer, when you can hear a snail clear its throat a mile away [3]. The sun was sinking [4] over the hills and the gnats [5] were fooling about [6] all over the place [7], and everything smelled rather topping [8] – what with [9] the falling dew and so on – and I was just beginning to feel a little soothed by the peace of it all when suddenly I heard my name spoken.

"It's about Bertie."

It was the loathsome voice of young blighted Edwin [10]! For a moment I couldn't locate [11] it. Then I realized that it came from the library. My stroll [12] had taken me within [13] a few yards [14] of the open window.

I had often wondered how those Johnnies in books did it – I mean the fellows with whom it was the work of a moment [15] to do about a dozen [16] things that ought to have taken them about ten minutes. But, as a matter of fact, it was the work of a moment with me to chuck away my cigarette, swear a bit, leap about ten yards, dive into a bush that stood near the library window, and stand there with my ears flapping [17].

---

1. **I couldn't stick it any longer** : *je ne pus plus le supporter ;* **to stick** (fam.) : *endurer* = **to put up with, to bear.**
2. **By way of** : *par manière de ; de telle sorte que.*
3. **A mile away** : m. à m. « *un mille au loin* » ; **a mile** = 1609 m.
4. **To sink, sank, sunk** : *sombrer, couler.*
5. **Gnat** [næt] : *moucheron.*
6. **To fool** : 1) *faire la bête, faire l'imbécile ;* 2) *se jouer de, rouler, arnaquer ;* **to fool about** : *faire le(s) fou(s), faire mille facéties.*
7. **All over the place** : *dans tous les environs.*
8. **Topping** : adj. formé à partir de **top**, *sommet,* d'où *excellent, de haut niveau.*
9. **What with** : m. à m. « *et quoi de* », d'où *et que dire de, sans compter.*

Mon coupable secret m'opprimait à un point tel qu'au bout d'un moment, n'y tenant plus, j'allumai une autre cigarette et partis faire un petit tour dans le parc, histoire de me calmer.

C'était une de ces tranquilles soirées d'été, pendant lesquelles on peut entendre un escargot s'éclaircir la gorge à un kilomètre de distance. Le soleil se noyait derrière les collines, les moucherons folâtraient à l'entour, et tout embaumait, sans oublier la rosée qui s'installait, et toute cette sorte de choses. La paix environnante commençait tout juste à me rasséréner un peu quand j'entendis prononcer mon nom.

« C'est au sujet de Bertie. »

C'était la voix haïssable de cette pustule d'Edwin ! Pendant un laps de temps, je ne pus la localiser. Puis je me rendis compte qu'elle venait de la bibliothèque. Ma promenade m'avait amené à quelques mètres de la fenêtre ouverte.

Je m'étais souvent demandé comment font ces types dans les bouquins, je veux dire ces gars à qui il ne faut qu'une seconde pour faire à peu près une dizaine de choses qui auraient dû leur prendre dans les dix minutes. Mais c'est un fait qu'il ne me fallut qu'une seconde pour jeter ma cigarette, jurer un bon coup, faire un bond de dix mètres pour plonger dans un buisson qui se trouvait près de la fenêtre de la bibliothèque, et m'y tenir les oreilles grandes ouvertes.

---

10. Noter l'absence de démonstratif ou d'article devant le n. propre, même précédé d'un adj.

1 1 . To locate : *repérer, situer.* ▲ **location :** *situation, localisation ; location* se dira **rental** ou **hire.**

1 2 . To stroll : *se balader, flâner, se promener sans but précis.*

1 3 . Noter cet emploi de **within :** *à l'intérieur (de).*

1 4 . A yard (abr. **yd**) = **3 ft (foot/feet) :** *3 pied(s)* = 0,91 m.

1 5 . The work of a moment : m. à m. *« le travail d'un instant ».*

1 6 . A dozen : *une douzaine*, n'est pas suivi d'article ; on traduit plutôt par *dizaine*, eu égard à l'usage décimal en fr., alors qu'il est duodécimal en anglais. Rappel : **dozen** ne prend jamais de **s** comme adj.

1 7 . Flapping : *battant* (comme les oreilles d'un chien).

I was as certain as I've ever been of anything that all sorts of rotten[1] things were in the offing[2].

"About Bertie?" I heard Uncle Willoughby say.

"About Bertie and your parcel. I heard you talking[3] to him just now[4]. I believe he's got it."

When I tell you that just as I heard these frightful words a fairly substantial beetle of sorts[5] dropped from the bush down the back of my neck, and I couldn't even stir[6] to squash[7] the same[8], you will understand that I felt pretty rotten. Everything seemed against me.

"What do you mean, boy? I was discussing the disappearance of my manuscript with Bertie only a moment back, and he professed himself[9] as perplexed by the mystery as myself."

"Well, I was in his room yesterday afternoon, doing him an act of kindness[10], and he came in with a parcel. I could see it, though he tried to keep it behind his back. And then he asked me to go to the smoking-room and snip some cigars for him; and about two minutes afterwards he came down – and he wasn't carrying anything. So[11] it must be in his room."

I understand they deliberately teach these dashed Boy Scouts to cultivate their powers of observation and deduction and what not. Devilish[12] thoughtless and inconsiderate of them[13], I call it. Look at the trouble[14] it causes.

"It sounds incredible," said Uncle Willoughby, thereby bucking me up[15] a trifle[16].

---

1. **Rotten** : *pourri, dégoûtant ;* de **rot** : *pourriture.* **To feel rotten** : *se sentir en dessous de tout, très déprimé.*
2. **In the offing** : (maritime) *au large ;* (fig.) *imminent, en préparation.*
3. **I heard you talking** : *je vous ai entendu* (en train de) *parler ;* la forme en **-ing** *rend compte de la réalité vécue.*
4. **Just now** : *à l'instant* (même) ; *tout juste.*
5. **A beetle of sorts** : m. à m. « *un scarabée de quelque sorte* » = *un genre de scarabée.*
6. **To stir** : *remuer, bouger ; s'agiter, s'exciter.*
7. **To squash** : *écraser, applatir, presser ;* **a lemon squash** : *une citronade.*
8. **The same** : *ledit, le… même.*
9. **Professed himself** : *se prétendait, se déclarait, professait.*

J'étais aussi certain qu'on peut l'être qu'un sale coup se préparait.

« Au sujet de Bertie ? » entendis-je l'oncle Willoughby dire.

« Au sujet de Bertie et de votre paquet ; je viens de vous entendre lui parler ; je crois qu'il l'a. »

Quand je vous aurais dit qu'au moment où j'entendis ces paroles effroyables une espèce de gros coléoptère se laissa tomber de l'arbuste dans mon cou sans que je pusse même esquisser un geste pour l'écraser, vous comprendrez que je me sentisse plutôt malheureux. Tout semblait se liguer contre moi.

« Que veux-tu dire, mon garçon ? Il y a tout juste un instant, je discutais avec Bertie de la disparition de mon manuscrit, et il m'a affirmé que le mystère le laissait aussi perplexe que moi. »

« Eh bien, hier après-midi, j'étais dans sa chambre en train de faire une BA, et il est entré avec un paquet. Je l'ai vu, quoiqu'il ait essayé de le cacher derrière son dos. Et puis il m'a demandé d'aller au fumoir et de lui couper des cigares ; à peu près deux minutes plus tard, il est redescendu, les mains vides. Donc, le paquet doit être dans sa chambre. »

Je sais que l'on apprend délibérément à ces sacrés scouts à développer leur pouvoir d'observation, de déduction et tout ça. Diablement irréfléchi et inconsidéré, à mon avis. Voyez tous les ennuis que cela cause.

« Cela paraît incroyable », dit l'oncle Willoughby, me rassérénant par la même un tant soit peu.

---

10. **Doing him an act of kindness** : *en train de faire une bonne action pour lui ;* même construction : **to do sb a favour** : *rendre service à qqn.*
11. **So** : (adv.) *ainsi, donc ; de la sorte.*
12. **Devilish** : (adj.) *diabolique, démoniaque ;* employé ici comme adverbe.
13. **Of them** : *de leur part.* Renvoi à une responsabilité collective : **they** peut traduire *on.*
14. **The trouble** : ce sg. est le plus souvent un pl. en fr.
15. **To buck up** : *encourager, revigorer, rendre courage, redonner de l'allant.*
16. **A trifle** : *un (petit) rien, un tantinet, un soupçon ; une bagatelle, une vétille.*

"Shall I go and look[1] in his room?" asked young blighted Edwin. "I'm sure the parcel's there."

"But what could be his motive for[2] perpetrating this extraordinary theft[3]?"

"Perhaps he's a – what you said just now."

"A kleptomaniac? Impossible!"

"It might have been Bertie who[4] took all those things from the very start[5]," suggested the little brute hopefully. "He may be like Raffles."

"Raffles?"

"He's a chap in a book who[6] went about[7] pinching things."

"I cannot believe that Bertie would – ah[8] – go about pinching things."

"Well, I'm sure he's got[9] the parcel. I'll tell you what you might do. You might say that Mr Berkeley wired[10] that he had left something here. He had Bertie's room, you know. You might say you wanted to look for it."

"That would be possible. I –"

I didn't wait to hear any more. Things were getting too hot[11]. I sneaked softly out of my bush and raced for the front door. I sprinted up to my room and made for[12] the drawer where I had put the parcel. And then I found I hadn't the key. It wasn't for the deuce of a time[13] that I recollected I had shifted[14] it to my evening trousers the night before and must have forgotten to take it out again.

---

1. **Shall I go and look :** pourrait se traduire par : *Voulez-vous que j'aille voir… ?*
2. **Motive for :** noter la préposition **for.**
3. **Theft :** *vol ;* **thief** (pl. **thieves**) : *voleur(s).*
4. **It might have been Bertie who :** m. à m. « *ça pouvait avoir été Bertie qui* ». Cf. n. 6, p. 46 pour les formes composées des défectifs. Rappel : Bertie serait remplacé par le pronom sujet **he.**
5. **From the very start :** emploi de **very** comme adj.
6. **He's a chap who :** *c'est un gars qui ;* noter l'emploi du pr. sujet **he**, et non **it**, puisqu'on sait au moins qu'il s'agit d'un homme et non d'une femme.
7. **To go about :** *aller ici et là, baguenauder.*
8. **Ah :** *euh ;* cette façon distinguée d'exprimer le doute ou l'hési-

62

« Est-ce que je vais voir dans sa chambre ? » demanda cette jeune crapule d'Edwin. « Je suis sûr que le paquet y est. »

« Mais quel pourrait bien être le mobile qui l'aurait poussé à perpétrer cet extraordinaire larcin ? »

« Peut-être est-il... ce que vous venez de dire ? »

« Kleptomane ? Impossible ! »

« C'est peut-être Bertie qui a volé toutes ces choses depuis le tout début », suggéra avec espoir ce petit monstre. « Peut-être est-il comme Raffles ? »

« Raffles ? »

« Ce type, dans un livre, qui se baladait en fauchant des trucs. »

« Je ne peux pas croire que Bertie, euh... se baladerait en fauchant. »

« Bon, je suis sûr qu'il a le paquet. Je vais vous dire ce que vous pourriez faire. Vous pourriez dire que M. Berkeley a télégraphié qu'il avait oublié quelque chose. Vous savez, il occupait la chambre de Bertie. Vous pourriez dire que vous voulez jeter un coup d'œil. »

« Ce serait possible. Je... »

Je n'attendis pas d'en entendre plus. La situation devenait par trop brûlante. Je me glissai doucement hors de mon buisson et courus à la porte d'entrée, me ruai à l'étage dans ma chambre, puis sur le tiroir dans lequel j'avais déposé le paquet. Je me rendis alors compte que je n'avais pas la clef. Il me fallut un certain temps pour me souvenir que je l'avais mise dans la poche de mon pantalon de smoking en me changeant la veille au soir, et que j'avais dû oublier de l'en retirer.

---

tation s'écrit également **er...**, comme l'utilise Bertie ; prononcer l'un et l'autre [a:].

9. **He's got :** renforcement typiquement britannique de la possession avec le participe passé de **get**. La forme interrogative est donc **Has he got?**, là où l'américain et l'anglais contemporain se contentent de **Does he have?**

10. **To wire :** *télégraphier, câbler ;* de **wire :** *fil (de fer), câble.*

11. **To get hot :** *devenir brûlant* ou *dangereux, « chauffer » ; devenir osé, scandaleux* (cf. n. 13, p. 109).

12. **To make for :** *gagner, se diriger vers, se rendre à.*

13. **It wasn't for the deuce of a time that... :** m. à m. « *Ce ne fut pas avant un temps sacrément long que...* »

14. **To shift :** *changer (de place), déplacer.*

Where the dickens [1] were my evening things? I had looked all over the place before I remembered that Jeeves must have taken them away [2] to brush. To leap at the bell and ring it was, with me, the work of a moment. I had just rung it when there was a footstep [3] outside, and in came [4] Uncle Willoughby.

"Oh, Bertie," he said, without a blush [5], "I have – ah – received a telegram from Berkeley, who occupied this room in your absence, asking me to forward him [6] his – er – his cigarette-case, which, it would appear, he inadvertently omitted to take with him when he left the house. I cannot find it downstairs; and it has, therefore, occurred [7] to me that he may have left [8] it in this room. I will – er – just take a look round."

It was one of the most disgusting spectacles [9] I've ever seen – this white-haired old man, who should have been thinking of the hereafter, standing there lying like an actor.

"I haven't seen it anywhere," I said.

"Nevertheless, I will search [10]. I must – ah – spare no effort."

"I should have seen it if it had been here – what [11]?"

"It may have escaped your notice. It is – er – possibly in one of the drawers [12]."

He began to nose about [13]. He pulled out drawer after drawer, pottering round [14] like and old bloodhound [15], and babbling from time to time about Berkeley and his cigarette-case in a way that struck me as perfectly ghastly. I just stood there, losing weight every moment.

---

1. **Where the dickens** ['dikinz] : *où diable* ; nouvel euph. désuet pour **devil, deuce.**
2. **Must have taken them away** : cf. n. 6, p. 46. Noter que **must** est encore plus défectif que **may** et **can**, puisqu'il n'a qu'une seule forme ; celle-ci a donc parfois une valeur de passé.
3. **Footstep** : *pas ; empreinte de pied.*
4. **And in came...** : mise en relief par inversion du verbe et de sa postposition.
5. **Blush** : *aspect ; rougeur* (émotion, honte).
6. **To forward** : *faire avancer, favoriser* (projet) ; *expédier, transmettre, faire suivre* (courrier).
7. **Occurred** [ə'kɜːrd] : de **to occur**, *survenir, arriver, avoir lieu ; se trouver ; venir à l'idée, à l'esprit.*

Où diable était ma tenue de soirée ? J'avais fouillé tout autour de moi avant de me souvenir que Jeeves devait l'avoir emportée pour la brosser. Bondir jusqu'à la sonnette fut pour moi l'affaire d'un instant. Je venais juste de sonner lorsque, dehors, il y eut un bruit de pas : c'était l'oncle Willoughby qui entrait.

« Oh Bertie », dit-il sans même rougir, « j'ai... euh... reçu... un télégramme de Berkeley, qui occupait cette chambre en ton absence, me demandant de lui renvoyer son... euh... étui à cigarettes, qu'il a, semble-t-il, omis par mégarde d'emporter à son départ. Je ne le trouve pas en bas et il m'a, en conséquence, semblé qu'il pouvait l'avoir oublié dans cette chambre. Je vais... euh... juste jeter un coup d'œil. »

Ce fut un des spectacles les plus répugnants qu'il m'ait été donné de voir. Ce vieillard aux cheveux blancs, qui aurait dû méditer sur le salut de son âme, et qui mentait comme un comédien.

« Je ne l'ai vu nulle part », dis-je.

« Je veux néanmoins chercher ; je ne... euh... dois épargner aucun effort. »

« J'aurais dû le voir s'il avait été ici, non ? »

« Peut-être a-t-il échappé à ton attention. Il se peut qu'il soit dans un des tiroirs. »

Il commença à fureter partout. Il ouvrit tiroir après tiroir, fouinassant comme un vrai limier, babillant de temps en temps au sujet de Berkeley et de son étui à cigarettes d'une façon qui me parut particulièrement horrible. Je restais là, maigrissant à vue d'œil.

---

8. **He may have left** : m. à m. *« il peut l'avoir laissé » ;* **may**, outre la permission **(you may stay out till midnight)**, indique l'éventualité *(il se peut que, peut-être que...).*

9. **Spectacle** : 1) *spectacle* (de nos jours, on utilise **show, performance**) ; 2) **spectacles** : *lunettes.*

10. **To search** : *inspecter, fouiller, perquisitionner.*

11. **...what** : *quoi ;* cette exclamation en fin de phrase exprime l'étonnement ou l'agacement.

12. **Drawer(s)** : prononcer [drɔ:(z)].

13. **To nose about** : *fouiner, fouinasser, fureter, mettre son nez partout.* Cf. **nosey** : *(vilain) curieux, fouineur.*

14. **To potter round** : *flâner, traînasser, bricoler.*

15. **Bloodhound** : *chien de saint-hubert ; limier.*

Then he came to the drawer where the parcel was.

"This appears to be locked," he said, rattling[1] the handle.

"Yes; I shouldn't bother[2] about that one. It – it's – er – locked, and all that sort of thing."

"You have not the key[3]?"

A soft, respectful voice spoke behind me.

"I fancy[4], sir[5], that this must be the key you require. It was in the pocket of your evening trousers."

It was Jeeves. He had shimmered in[6], carrying my evening things, and was standing there holding out[7] the key. I could have massacred the man.

"Thank you," said my uncle.

"Not at all, sir."

The next moment[8] Uncle Willoughby had opened the drawer. I shut my eyes.

"No," said Uncle Willoughby, "there is nothing here. The drawer is empty. Thank you, Bertie. I hope I have not disturbed you. I fancy – er – Berkeley must have taken his case with him after all."

When he had gone I shut the door carefully. Then I turned to Jeeves. The man was putting my evening things out on a chair.

"Er – Jeeves!"

"Sir?"

"Oh, nothing."

---

1. **To rattle** : *cliqueter, faire un bruit métallique ; bouleverser.*
2. **I shouldn't bother** : m. à m. *[si j'étais vous] « je ne m'en soucierais pas ».*
3. **You have not the key?** : cette phrase est interrogative par le ton ; elle n'est pas vraiment négative dans sa forme ; elle ne comporte ni l'auxiliaire **got : you have not got the key?** ou **haven't you got the key?**, ni l'auxiliaire **do : you don't have the key?** ou **don't you have the key?**
4. **To fancy** : *(s')imaginer.*
5. Noter la 3e pers. du sg. en fr. : cette forme a été retenue comme étant celle qui convient le mieux pour rendre la déférence explicite de tous les propos de Jeeves ; les marques de la possession sont

66

Puis il arriva au tiroir qui contenait le paquet.

« Celui-ci semble fermé », dit-il tout en secouant la poignée.

« Oui, inutile de s'en occuper, il est... euh... fermé et tout et tout. »

« Tu n'as pas la clef ? »

Une voix douce et respectueuse se fit entendre derrière moi :

« Je suppose que ce doit être cette clef que monsieur cherche. Elle était dans la poche du pantalon de smoking de monsieur. »

C'était Jeeves. Il était entré subrepticement, portant mon habit, et il était là, tendant la clef. Je l'aurais tué.

« Merci », dit mon oncle.

« De rien, monsieur. »

Oncle Willoughby eut tôt fait d'ouvrir le tiroir. Je fermai les yeux.

« Non », dit l'oncle, « il n'y a rien ici. Le tiroir est vide. Merci, Bertie. J'espère que je ne t'ai pas dérangé. Je suppose... euh... qu'après tout, Berkeley doit avoir emporté son étui à cigarettes. »

Quand il fut parti, je refermai la porte avec soin, puis me tournai vers Jeeves. Il était en train d'installer mon habit sur une chaise.

« Euh... Jeeves. »

« Monsieur ? »

« Oh, rien. »

également à la 3e personne *(son, sa ses)*, ou encore transformées en complément de nom : *de monsieur.* Il faut toutefois souligner qu'à la différence des langues latines, l'anglais ignore cet usage.

6. **To shimmer** : *miroiter, jeter une (faible) lueur ;* **in** (fig.) : *entrer comme une ombre sans bruit.*

7. **To hold out** : *tenir en présentant, tendre qqch.*

8. **The next moment** : m. à m. *« le moment suivant »*, d'où *l'instant d'après, aussitôt ;* **next** : *prochain,* signifie souvent *[d']après, suivant,* quand il est associé avec une unité de temps : **the next month** : *le mois d'après, le mois suivant* (ne pas confondre avec **next month** : *le mois prochain*).

It was deuced difficult[1] to know how to begin[2].

"Er[3] – Jeeves!"

"Sir?"

"Did you – Was there – Have you by chance[4] – "

"I removed[5] the parcel this morning, sir."

"Oh – ah – why?"

"I considered it more prudent, sir."

I mused[6] for a while.

"Of course, I suppose all this seems tolerably[7] rummy to you, Jeeves?"

"Not at all, sir. I chanced to[8] overhear[9] you and Lady Florence speaking of the matter the other evening, sir."

"Did you[10], by Jove[11]?"

"Yes, sir."

"Well – er – Jeeves, I think that, on the whole[12], if you were to – as it were[13] – freeze on to that parcel until we get back to London – "

"Exactly, sir."

"And then we might – er – so to speak[14] – chuck it away[15] somewhere – what?"

"Precisely, sir."

"I'll leave it in your hands."

"Entirely, sir."

"You know, Jeeves, you're by way of being rather a topper[16]."

"I endeavour to give satisfaction, sir."

---

1. **Deuced difficult** : l'euphémisme **deuce** : *satané, fichu, sacré,* est ici adjectivé.
2. **To know how to begin** : m. à m. « *savoir comment, par où, commencer* ».
3. **Er...** : Bertie utilise cette interjection pour marquer son hésitation et son trouble ; lord Willoughby dit **Ah** (cf. n. 8, p. 62).
4. **By chance** : cf. n. 8.
5. **To remove** : *déplacer, ôter, enlever.*
6. **To muse** [mju:z] : *rêver, méditer.*
7. **Tolerably** : *assez, passablement* ; de **tolerable.**
8. **I chanced to...** : *le hasard a fait, voulu que ; j'ai par hasard... ; il s'est trouvé que j'ai* ; **chance** : *hasard, circonstance fortuite* (cf. n. 4).

68

C'était fichtrement dur de trouver la bonne façon d'attaquer.

« Euh, Jeeves ! »

« Monsieur ? »

« Est-ce que... ? Y avait-il... ? Auriez-vous d'aventure... ? »

« J'ai retiré le paquet ce matin, monsieur. »

« Oh, ah, pourquoi ? »

« J'ai considéré que c'était plus prudent, monsieur. »

Je méditai quelques instants.

« Je suppose, évidemment, que tout ça vous semble passablement bizarre, Jeeves ? »

« Pas du tout, monsieur. Je me suis trouvé entendre par hasard lady Florence et monsieur discuter de cette affaire l'autre soir, monsieur. »

« Vraiment, nom d'une pipe ? »

« Oui, monsieur. »

« Bien, euh, Jeeves, je pense que, en gros, si vous deviez, en quelque sorte, vous cramponner à ce paquet jusqu'à ce que nous soyons rentrés à Londres... »

« Exactement, monsieur »

« Alors nous pourrions, euh, en somme, le balancer quelque part, non ? »

« Précisément, monsieur. »

« Occupez-vous de ça, Jeeves. »

« Entièrement, monsieur. »

« Vous savez, Jeeves, vous êtes plutôt du genre champion. »

« Je m'efforce de donner satisfaction, monsieur. »

---

9. **To overhear** [ˈəʊvəˈhɪəʳ] : *surprendre* (une conversation qui ne vous est pas destinée).
10. **Did you?** : sous-entendu **overhear you and lady Florence.**
11. **By Jove** : m. à m. *« par Jupiter ».*
12. **On the whole** : *dans l'ensemble, globalement.* **The whole** : *le tout, la totalité.*
13. **As it were** : *pour ainsi dire, en quelque sorte, comme qui dirait.* Noter **were**, qui n'est pas le passé (ce serait **was**), mais un subjonctif ; autre ex., **if I were a rich man** : *si j'étais (un homme) riche.*
14. **So to speak** : *en quelque sorte* ; syn. de **as it were.**
15. **To chuck** : *fourrer, ficher.*
16. **A topper** : (fam.) *un type de première.*

"One in a million[1], by Jove!"

"It is very kind of you to say so[2], sir."

"Well, that's about all, then, I think."

"Very good, sir."

Florence came back on Monday. I didn't see her till we were all having tea in the hall. It wasn't till the crowd had cleared away[3] a bit that we got a chance of having a word together[4].

"Well, Bertie?" she said.

"It's all right."

"You have destroyed the manuscript?"

"Not exactly; but – "

"What do you mean?"

"I mean I haven't absolutely – "

"Bertie, your manner is[5] furtive!"

"It's all right. It's this way[6] – "

And I was just going to explain how things stood[7] when out of the library came[8] leaping Uncle Willoughby looking as braced as a two-year-old[9]. The old boy was a changed man.

"A most remarkable thing, Bertie! I have just been speaking with Mr Riggs on the telephone[10], and he tells me he received my manuscript by the first post this morning. I cannot imagine what can have caused the delay. Our postal facilities[11] are extremely inadequate in the rural districts. I shall write to headquarters[12] about it. It is insufferable[13] if valuable[14] parcels are to be delayed[15] in this fashion[16]."

---

1. **Million :** attention, ne prend pas de **s** au pl. ; **two, three million (dollars)**.
2. **To say so :** noter l'adv. **so**, comme dans **think so**, etc. (cf. n. 9, p. 43).
3. **To clear away :** *(s')éclairer, (se) clarifier ; quitter le port* (navire).
4. **To have a word together :** m. à m. *« avoir un mot ensemble »*.
5. **Your manner is... :** noter le sg., qui renvoie plutôt au *comportement*.
6. **It's this way :** *cela se passe, se présente, comme ceci.*
7. **How things stood :** *comment l'affaire se présentait, où en étaient les choses, quelle était la situation.*

« Nom de nom, il n'y en a qu'un comme vous sur un million. »
« Monsieur est très aimable de dire cela. »
« Bon, eh bien je pense que c'est à peu près tout. »
« Très bien, monsieur. »

Florence revint le lundi. Je ne la vis pas avant l'heure du thé qui nous réunit tous dans la salle à manger. Ce ne fut qu'une fois la foule dispersée que nous pûmes échanger quelques propos.
« Alors Bertie ? » dit-elle.
« Tout va bien. »
« Vous avez détruit le manuscrit ? »
« Pas exactement, mais... »
« Qu'est-ce que vous voulez dire ? »
« Je veux dire que je n'ai pas vraiment... »
« Bertie, vos manières sont fuyantes. »
« Tout va bien. Il se trouve que... »
Et j'allais lui expliquer le déroulement des événements, quand l'oncle Willoughby sortit d'un bond de la bibliothèque, l'air aussi gaillard qu'un gamin de deux ans. Le vieux était tout transformé.
« Une chose extraordinaire, Bertie. Je viens de parler à M. Riggs au téléphone, et il m'a dit avoir reçu mon manuscrit à la première distribution ce matin. Je n'arrive pas à m'expliquer ce qui a pu causer un tel retard. Notre service postal est tout à fait inadapté à nos campagnes. J'écrirai à qui de droit à ce sujet. Il est intolérable que des colis de valeur doivent subir ainsi de tels retards. »

---

8. **When out came...** : m. à m. *« lorsque sortit »*...
9. **A two-year-old** : **child** est sous-entendu à l'origine.
10. **On the telephone** : *au téléphone ;* △ la prép.
11. **Facilities** : *installation, équipement,* d'où ici la notion de *service.*
12. **Headquarters** : *quartier général, siège* (d'une société).
13. **Insufferable** : de **to suffer,** *souffrir, supporter.*
14. **Valuable** : adj. mais aussi n. qui signifie *objet de valeur.*
15. **To delay** : *retarder ;* n. : *retard.*
16. **In this fashion** : *de la sorte.* **Fashion** : *mode.*

I happened to[1] be looking at Florence's profile at the moment, and at this juncture[2] she swung round[3] and gave me a look that went right through me like a knife. Uncle Willoughby meandered[4] back to the library, and there was a silence that you could have dug bits out of with a spoon[5].

"I can't understand it," I said at last. "I can't understand it, by Jove!"

"I can. I can understand it perfectly, Bertie. Your heart failed you[6]. Rather than risk offending[7] your uncle you – "

"No, no! Absolutely!"

"You preferred to lose me rather than risk losing[8] the money. Perhaps you did not think I meant what I said. I meant every word[9]. Our engagement is ended[10]."

"But – I say!"

"Not another word!"

"But, Florence, old thing!"

"I do not wish to hear any more. I see now that your Aunt Agatha was perfectly right. I consider that I have had a very lucky escape[11]. There was a time when I thought that, with patience, you might be moulded into[12] something worth while[13]. I see now that you are impossible!"

And she popped off[14], leaving me to pick up the pieces. When I had collected the debris to some extent I went to my room and rang for Jeeves. He came in looking as if nothing had happened or was ever going to happen. He was the calmest thing in captivity[15].

---

1. **I happened to** : *je me suis trouvé* ; événement fortuit, mais neutre : comparer avec **I chanced to** (n. 8, p. 68) où le rôle du hasard est primordial.
2. **Juncture** ['dʒʌŋktʃər] : *conjoncture*.
3. **To swing round** : *pivoter* ; **to swing** : *(se) balancer*.
4. **To meander** : *serpenter, faire des méandres* (cours d'eau) ; *errer*.
5. **A silence that you could have dug bits out of with a spoon** : m. à m. « *un silence dont vous auriez pu extraire des morceaux avec une cuiller* ».
6. **Your heart failed you** : m. à m. « *votre cœur vous a trahi* ». **To fail** : *échouer, rater* (examen), *recaler* (candidat) ; *faillir* (affaires), *manquer, faire défaut, tomber en panne* ; *omettre, négliger* ; **he failed to tell us** : *il a négligé de nous le dire*.

Il se trouve qu'à ce moment j'étais en train d'admirer le profil de Florence ; sur ces entrefaites elle se retourna d'un bloc et me jeta un regard qui me transperça comme un coup de poignard. L'oncle Willoughby repartit en musardant vers la bibliothèque, et il se fit un silence que l'on aurait pu couper au couteau.

« Je ne comprends pas », dis-je finalement, « nom de nom, je ne comprends pas. »

« Moi si. Je comprends très bien, Bertie. Le courage vous a manqué. Plutôt que de risquer d'offenser votre oncle, vous... »

« Non, non, absolument pas ! »

« Vous avez préféré me perdre plutôt que de risquer de perdre l'argent de votre oncle. Vous n'avez peut-être pas cru que je pensais ce que je disais. Je parlais sérieusement pourtant. Nos fiançailles sont rompues. »

« Mais enfin... »

« Plus un mot. »

« Mais Florence, vieille chose ! »

« Je ne désire pas en entendre plus. Je vois aujourd'hui que votre tante Agathe avait tout à fait raison. Je considère que j'ai de la chance de m'en sortir ainsi. Il fut un temps où je pensais qu'avec de la patience, vous pourriez être transformé en quelqu'un digne d'intérêt. Mais je me rends compte que vous êtes irrécupérable. »

Puis elle disparut, me laissant ramasser les morceaux. Quand j'eus ramassé les débris tant bien que mal, j'allai dans ma chambre et sonnai Jeeves. Il entra comme si rien ne s'était passé ni ne devait jamais se produire. Il était l'image même du calme sous le joug.

---

7. **Risk offending** : noter la forme en **-ing** après **risk**.
8. **Rather than risk losing** : noter l'inf. sans **to** après **rather than** : *plutôt que (de)*.
9. **I meant every word** : m. à m. *« je signifiais chaque mot »*, d'où *je pensais chacun des mots que je disais*.
10. **To end an engagement** : *mettre un terme, mettre fin à un engagement, une promesse, des fiançailles*.
11. **To have a lucky escape** : *avoir beaucoup de chance, s'en sortir à bon compte*.
12. **To mould into** : m. à m. *« mouler en forme de »*.
13. **Worth while** ou **worthwhile** : *qui vaut (vaille) la peine*.
14. **To pop off** : *disparaître comme on est venu, sans crier gare*.
15. **The calmest thing in captivity** : m. à m. *« la chose la plus calme (qui fût) en captivité »*.

"Jeeves!" I yelled[1]. "Jeeves, that parcel has arrived in London!"

"Yes, sir?"

"Did you send it?"

"Yes, sir. I acted[2] for the best, sir. I think that both you and Lady Florence overestimated the danger of people being offended at[3] being mentioned in Sir Willoughby's Recollections. It has been my experience[4], sir, that the normal person[5] enjoys seeing his or her[6] name in print[7], irrespective of[8] what is said about them. I have an aunt, sir, who a few years ago was a martyr to swollen limbs. She tried Walkinshaw's Supreme Ointment and obtained considerable relief – so much so that she sent them an unsolicited testimonial. Her pride at seeing her photograph in the daily papers in connexion with descriptions of her lower limbs[9] before taking, which were nothing less than revolting[10], was so intense that it led me to believe that publicity[11], of whatever sort, is what nearly everybody desires. Moreover, if you have ever studied psychology, sir, you will know that respectable old gentlemen are by no means[12] averse[13] to having it advertised[14] that they were extremely wild[15] in their youth. I have an uncle – "

I cursed[16] his aunts and his uncles and him and all the rest of the family.

"Do you know that Lady Florence has broken off her engagement with me?"

"Indeed, sir?"

---

1. **To yell** : *hurler, crier à tue-tête*.
2. **To act** : *agir, se conduire, se comporter, jouer* (théâtre) ; *faire semblant*.
3. **People being offended at** : m. à m. « *les gens étant offensés de* ».
4. **Experience** : *expérience* (vécue) ; mais **experiment** : *expérience* (de laboratoire). Cf. n. 3, p. 52.
5. **The normal person** : *un individu ordinaire, l'homme de la rue*.
6. **His or her** : l'angl. n'ayant pas de genre des n., il doit le préciser chaque fois que c'est nécessaire. De plus, les règlements administratifs interdisent de nos jours la discrimination, d'où un emploi accru de **his/her** ou d'un équivalent. On trouve le pr. **one** ou l'adj. possessif **one's**.
7. **In print** : *en caractères d'imprimerie*.
8. **Irrespective of** : *nonobstant, compte non tenu de*.

« Jeeves », glapis-je, « le paquet est parvenu à Londres ! »

« Oui monsieur ? »

« C'est vous qui l'avez envoyé ? »

« Oui, monsieur. J'ai agi pour le mieux, monsieur. Je pense que lady Florence et monsieur avaient surestimé le danger que les gens s'offensent d'être cités par sir Willoughby dans ses Mémoires. L'expérience m'a appris que les gens normaux aiment à voir leur nom imprimé, nonobstant ce que l'on dit d'eux. J'ai une tante, monsieur, qui, il y a quelques années, souffrait le martyre à cause de ses membres inférieurs enflés. Elle essaya le baume suprême de Walkinshaw et en éprouva un soulagement considérable, à tel point que sans que rien ne lui fût demandé, elle envoya son témoignage. Quand elle vit sa photographie publiée dans les journaux, en relation avec la description peu ragoûtante de ses membres inférieurs avant le traitement, elle en conçut une telle fierté que cela m'amena à penser que la publicité, sous quelque forme que ce soit, est ce que recherche à peu près tout un chacun. De plus, si monsieur a tant soit peu étudié la psychologie, il saura que les vieux messieurs respectables ne sont pas du tout opposés à ce que l'on fasse savoir qu'ils étaient, dans leur jeunesse, tout à fait débridés. J'ai un oncle... »

J'envoyai au diable ses tantes, ses oncles, lui-même et tout le reste de sa famille.

« Savez-vous que lady Florence a rompu nos fiançailles ? »

« Vraiment, monsieur ? »

---

9. **Lower limbs** [lɪmz] : le comparatif **(lower)** est de règle chaque fois qu'il y a, explicitement ou non, deux termes comparés.
10. **Nothing less than revolting** : *rien de moins que révoltantes.*
11. **Publicity** : *publicité, caractère public de qqch.* ; *réclame, publicité* ; ⚠ **to advertize** : *faire de la réclame, de la publicité* ; **an advertisement, an ad, an advert.** : *une publicité.*
12. **By no means** : *en aucun cas, d'aucune manière, pas le moins du monde.*
13. **Averse** : (adj.) *opposé à, ennemi de* ; **(averse) to having** : forme en **-ing** après la prép. **of.**
14. **Having it advertised** : le pron. **it**, explétif, annonce la proposition qui suit (**that they were...**) ; cette construction se rencontre avec **to have** et **to make.**
15. **Wild** [waɪld] : *sauvage, farouche* ; *déchaîné* ; *extravagant.*
16. **To curse** [kɜːʳs] : *maudire* ; *jurer, blasphémer.*

Not a bit of sympathy! I might have been telling him it was a fine day.

"You're sacked [1]!"

"Very good, sir."

He coughed gently.

"As I am no longer in your employment, sir, I can speak freely without appearing to take a liberty. In my opinion you and Lady Florence were quite unsuitably [2] matched [3]. Her ladyship [4] is of a highly determined and arbitrary temperament, quite opposed to your own [5]. I was in Lord Worplesdon's service for nearly a year, during which time [6] I had ample opportunities of studying her ladyship. The opinion of the servants' hall [7] was far from favourable to her. Her ladyship's temper caused a good deal of adverse [8] comment among us. It was at times quite impossible. You would not have been happy, sir!"

"Get out!"

"I think you would also have found her educational methods a little trying [9], sir. I have glanced at the book her ladyship gave you – it has been lying on your table since our arrival [10] – and it is, in my opinion, quite unsuitable. You would not have enjoyed it. And I have it from her ladyship's own maid, who happened to overhear a conversation between her ladyship and one of the gentlemen staying here – Mr Maxwell, who is employed in an editorial capacity [11] by one of the reviews – that it was her intention to start you almost immediately upon [12] Nietzsche. You would not enjoy Nietzsche, sir. He is fundamentally unsound."

---

1. **To sack** : *mettre à la porte, virer, saquer.*
2. **Unsuitably** : *de façon mal assortie, d'une manière qui ne convient pas.* De **suitable** : *adapté, assorti, convenable* (qui convient bien), *séant* (qui sied).
3. **To match** : *(s')assortir, aller avec.*
4. **Ladyship** : cf. n. 3, p. 20.
5. **Your own** : *le vôtre.*
6. **During which time** : m. à m. « *durant lequel temps* ».
7. **The servants' hall** : m. à m. « *la salle, le réfectoire des domestiques* ».
8. **Adverse** : *défavorable, peu amène ; contraire.*

Pas la moindre compassion ! J'aurais aussi bien pu lui parler du beau temps.

« Vous êtes viré ! »

« Très bien, monsieur. »

Il toussa discrètement.

« Si je ne suis plus au service de monsieur, je peux parler franchement sans avoir l'air de prendre des libertés. À mon avis, lady Florence et monsieur n'étaient vraiment pas faits pour s'entendre. Mademoiselle est d'un caractère hautement arbitraire et impérieux, tout à fait l'opposé de celui de monsieur. Je fus au service de lord Worplesdon pendant presque une année, période pendant laquelle j'ai eu mainte occasion d'observer mademoiselle. L'opinion de l'office était loin de lui être favorable. Le caractère de mademoiselle suscitait des commentaires fort peu élogieux parmi nous. Il était parfois insupportable. Monsieur n'aurait pas été heureux. »

« Sortez ! »

« Je pense que monsieur aurait trouvé ses méthodes éducatives un peu pénibles. J'ai jeté un coup d'œil au livre que mademoiselle a donné à monsieur, et qui se trouve sur le bureau de monsieur depuis son arrivée : il est selon moi très mal approprié. Il n'aurait pas plu à monsieur. Et je tiens de la propre femme de chambre de mademoiselle, qui a surpris par hasard une conversation entre mademoiselle et l'un des messieurs qui sont ici, M. Maxwell, qui est rédacteur dans une revue, qu'elle avait l'intention de mettre monsieur à Nietzsche aussitôt après. Monsieur ne prendrait aucun plaisir à Nietzsche, il est fondamentalement malsain. »

---

9. **Trying :** *éprouvant, lassant.*

10. **It has been lying since our arrival :** action qui dure depuis un point de départ déterminé. **Lying** vint de **to lie, lay, lain** (ne pas confondre avec **to lie, lied, lied :** *mentir*) et signifie *être étendu ; se trouver.*

11. **In an editorial capacity :** : m. à m. *« dans une capacité éditoriale »,* d'où *comme rédacteur.* **To edit :** *réviser, récrire* (écrit), *couper, monter* (film). **Chief-editor :** (journaux), *rédacteur en chef.*

12. **To start you upon :** m. à m. *« vous initier à, vous faire commencer, vous mettre à ».*

"Get out!"

"Very good, sir."

It's rummy how sleeping on a thing often makes you feel quite different about it. It's happened to me over and over again[1]. Somehow or other[2], when I woke newt morning[3] the old heart didn't feel half so broken as it had done[4]. It was a perfectly topping day, and there was something about the way the sun came in at the window and the row[5] the birds were kicking up in the ivy[6] that made me half wonder whether[7] Jeeves wasn't right. After all, though she had a wonderful profile, was it such a catch[8] being engaged to Florence Craye as the casual[9] observer might imagine? Wasn't there something in what Jeeves had said about her character? I began to realize that my ideal wife was something quite different, something a lot more clinging and drooping and prattling, and what not.

I had got as far as this in thinking the thing out[10] when that *Types of Ethical Theory* caught my eye[11]. I opened it, and I give you my honest word[12] this was what hit me:

> Of the two antithetic terms in the Greek philosophy one only was real and self-subsisting; and that one was Ideal Thought[13] as opposed to[14] that which it has to penetrate and mould. The other, corresponding to our Nature, was in itself phenomenal, unreal, without any permanent footing[15], having no predicates that held true for two moments together; in short, redeemed[16] from negation only by including indwelling[17] realities appearing through.

---

1. **Over and over again :** m. à m. « *à nouveau et à nouveau encore* » ; la traduction devra être adaptée au contexte.
2. **Somehow or other :** m. à m. « *d'une manière ou d'une autre* ».
3. **Next morning :** cf. n. 8, p. 67.
4. **Didn't feel half so broken as it had done :** m. à m. « *ne se sentait pas à moitié aussi brisé qu'auparavant* ».
5. **Row** [raʊ] : *chahut, vacarme, dispute* ; **to kick a row :** *déclencher une bagarre.* Ne pas confondre avec **row** [rəʊ] : *rang, rangée.*
6. **Ivy :** prononcer [ˈaɪvɪ].
7. **To wonder whether :** *se demander si oui ou non.*
8. **A catch :** *une prise* ; (ici fam.) *un bon parti.*
9. **Casual :** *accidentel, par hasard* ; *insouciant, sans gêne.*

78

« Sortez ! »
« Bien, monsieur. »

Il est étrange de constater combien une nuit de sommeil vous fait souvent voir les choses différemment. Cela m'est arrivé à d'innombrables reprises. Quoi qu'il en soit, quand je m'éveillai le lendemain matin, mon vieux cœur était presque recollé. C'était une journée splendide, et quelque chose dans la façon dont le soleil inondait la chambre, et dont les multitudes d'oiseaux s'enguirlandaient dans le lierre me fit me demander si Jeeves n'avait pas un peu raison. Après tout, quoi qu'elle eût un profil merveilleux, était-ce une aussi bonne affaire d'être fiancé à Florence qu'un quelconque observateur pouvait l'imaginer à première vue ? N'y aurait-il pas un peu de vrai dans ce qu'avait dit Jeeves au sujet de son caractère ? Je commençais à réaliser que mon épouse idéale était bien différente : quelqu'un de beaucoup plus accroché, s'abandonnant davantage, babillant plus volontiers, que sais-je encore ?

J'en étais là de mes réflexions lorsque *Des différentes catégories de l'Éthique* attira mon regard. J'ouvris le livre, et je vous jure que ce qui suit me sauta aux yeux :

> Des deux termes antithétiques de la philosophie grecque, l'un est réel et existe en soi ; c'est l'Idée, en tant qu'elle s'oppose à ce qu'elle doit englober et conformer. L'autre, correspondant à la Nature telle qu'elle est définie aujourd'hui, est par lui-même phénoménologique, irréel, sans fondement permanent, dépourvu de prédicats vérifiés dans la durée ; en bref, arraché au néant grâce à la seule prise en compte des réalités inhérentes qu'elle laisse transparaître.

---

10. **To think the thing out** : *réfléchir à l'affaire, approfondir la chose.*
11. **Caught my eye** : *accrocha mon œil.*
12. **I give you my honest word** : m. à m. « *je vous donne ma parole sincère* ».
13. **Ideal thought** : m. à m. « *la pensée idéale* » (le passage évoque le conflit entre matière, nature et idéalisme).
14. **As opposed to** : m. à m. « *en tant qu'opposée à* ».
15. **Footing** : ici *ancrage, enracinement, fondement.*
16. **Redeemed** : *racheté.*
17. **Indwelling** : m. à m. « *résidant à l'intérieur, interne* »

Well – I mean to say – what? And Nietzsche, from all accounts [1], a lot worse than that!

"Jeeves," I said, when he came in with my morning tea [2], "I've been thinking it over. You're engaged again."

"Thank you, sir."

I sucked [3] down a cheerful mouthful. A great respect for this bloke's judgement began to soak through [4] me.

"Oh, Jeeves," I said; "about that check suit."

"Yes, sir?"

"Is it really a frost [5]?"

"A trifle too bizarre, sir, in my opinion."

"But lots of fellows have asked me who my tailor is."

"Doubtless in order to avoid him, sir."

"He's supposed to be one of the best [6] men in London."

"I am saying nothing against his moral character, sir."

I hesitated a bit. I had a feeling that I was passing into this chappie's clutches [7], and that if I gave in [8] now I should become just like poor old Aubrey Fothergill, unable to call my soul my own. On the other hand, this was obviously a cove of rare intelligence, and it would be a comfort in a lot of ways to have him doing the thinking for me. I made up my mind.

"All right, Jeeves," I said. "You know! Give the bally [9] thing away to somebody!"

He looked down at me like a father gazing [10] tenderly at the wayward child.

"Thank you, sir. I gave it to the under-gardener [11] last night. A little more tea, sir?"

---

1. **From all accounts** : *à ce qu'on (en) sait.* M. à m. « *d'après tous les rapports, selon les comptes rendus* ».
2. **Morning tea** : tradition qui consiste à servir une tasse de thé brûlant au lit, bien avant le petit déjeuner qui se prend à table, en général très tôt le matin !
3. **To suck** : *sucer.*
4. **To soak through** : *s'infiltrer, diffuser à travers.* **To soak** : *tremper, inonder.*
5. **Frost** : *gel, givre* ; ici (fam.) *four, fiasco*; **it turned out a frost** : *ça a tourné en eau de boudin.*

Ma foi, que dire en somme ? Et Nietzsche qui est bien pire encore, à ce qu'on dit !

« Jeeves », dis-je, quand il m'apporta mon thé matinal, « j'ai bien réfléchi. Je vous reprends à mon service. »

« Merci, monsieur. »

J'avalai joyeusement une gorgée de thé. Un immense respect pour le jugement de ce garçon m'envahit peu à peu.

« Ah, Jeeves, à propos de ce costume à carreaux. »

« Oui, monsieur ? »

« Est-ce vraiment une horreur ? »

« A mon avis, monsieur, un rien trop bizarre. »

« Mais des tas de gens m'ont demandé l'adresse de mon tailleur ! »

« Certainement pour ne pas risquer d'y aller, monsieur. »

« Il est supposé être l'un des meilleurs de Londres. »

« Je n'ai rien à dire contre sa moralité, monsieur. »

J'hésitai un peu. Je sentais bien que j'étais en train de passer sous sa coupe et que si je cédais maintenant, je risquais fort de me retrouver comme ce pauvre vieil Aubrey Fothergill, incapable de savoir si mon âme m'appartient encore. D'un autre côté, c'était assurément quelqu'un d'une rare intelligence, et il serait d'un grand confort à bien des égards de le voir penser à ma place. Je pris ma décision.

« Très bien, Jeeves », dis-je, « vous avez raison, donnez ce fichu truc à quelqu'un. »

Il me regarda avec la tendresse d'un père pour son enfant capricieux.

« Merci, monsieur. Je l'ai donné à l'aide-jardinier hier soir. Encore un peu de thé, monsieur ? »

---

6. **Best :** superlatif de **good,** qui renvoie ici au *bien moral.*
7. **This chappie's clutches :** *les griffes de ce gars-là.*
8. **To give in :** *rendre ; céder, renoncer, abandonner.*
9. **Bally :** *sacré, fichu ;* euph. pour **bloody :** *saloperie, vacherie de, bon Dieu de.*
10. **To gaze :** *observer.*
11. **Under-gardener :** m. à m. « *sous-jardinier* ».

RÉVISIONS

Vous avez rencontré dans la nouvelle que vous venez de lire l'équivalent des expressions françaises suivantes. Vous en souvenez-vous ?

1. *Je l'entendis vaquer dans la cuisine, d'où il revint bientôt avec un verre sur un plateau.*
2. *Je connaissais la famille depuis mon enfance.*
3. *Le fait que je n'aie pas approfondi le problème avec lui montre à quel point je connaissais mal Jeeves à cette époque-là.*
4. *Il avait dû se passer quelque chose, bien sûr, mais du diable si je voyais quoi.*
5. *Quelque chose semblait me dire qu'à moins d'être sacrément vigilant, il ne tarderait pas à me régenter.*
6. *Il y avait un bal ce soir-là dans une maison distante d'environ trente kilomètres.*
7. *Si vous échouez, je saurai que votre tante Agathe avait raison quand elle m'a conseillé de ne pas vous épouser.*
8. *Le jeune Edwin avait à présent quatorze ans, et il venait de s'inscrire aux Éclaireurs.*
9. *Quelque effort qu'il fît, il prenait du retard sur son programme de bonnes actions quotidiennes.*
10. *Je me suis dit qu'il avait peut-être oublié quelque chose que j'aurais pu lui renvoyer.*
11. *Les gens qui savent tout de ce genre de choses vous diront que le plus difficile, c'est de se débarrasser du corps.*
12. *Je ne sais si vous avez jamais fait cette expérience, mais c'est une chose rudement déplaisante que d'avoir un crime sur la conscience.*
13. *Veux-tu que je te dise ce que je soupçonne ?*
14. *Ça ne pouvait donc pas être lui qui déroba mon manuscrit.*
15. *Je me ruai à l'étage dans ma chambre et me dirigeai vers le tiroir où j'avais placé le paquet.*
16. *Vous avez préféré me perdre plutôt que de risquer de perdre l'argent.*
17. *Il fut un temps où j'ai cru qu'avec de la patience, vous pourriez être transformé en quelqu'un digne d'intérêt.*
18. *Vous êtes viré !*
19. *Ce livre se trouve sur votre table depuis notre arrivée.*
20. *Ce serait d'un grand confort, à bien des égards, de le faire penser à ma place.*

1. I heard him moving about in the kitchen, and presently he came back with a glass on a tray.
2. I had known the family since I was a kid/a boy (since boyhood).
3. It shows how little I knew Jeeves in those days that I didn't go a bit deeper into the matter with him.
4. Something must have happened of course, but I couldn't see what on earth it could be.
5. Something seemed to tell me that, unless I was jolly careful, he would be starting to boss me.
6. There was a dance on at a house about twenty miles away that night.
7. If you fail, I shall know that your aunt Agatha was right when she advised me not to marry you.
8. Young Edwin was fourteen now and had just joined the Boy Scouts.
9. However hard he tried, he'd fall (drop) behind schedule with his daily acts of kindness (good deeds).
10. I thought he might have left something behind (forgotten something) that I could have sent on.
11. People (Fellows) who know all about that sort of thing will tell you that what's most difficult is to get rid of the body.
12. I don't know whether you have experienced it, but it's a dashed unpleasant thing having a crime on one's conscience.
13. Shall I tell you what I suspect?
14. Then it could not be he who stole (purloined, sneaked) my manuscript.
15. I sprinted (rushed, ran) up to my room and made for (went to) the drawer where I had put the parcel.
16. You preferred to lose me rather than risk losing the money.
17. There was a time when I thought that, with patience, you might be moulded (changed, transformed) into somebody worth while.
18. You're sacked!
19. This book has been lying on your table since our arrival.
20. It would be a comfort, in a lot of ways, to have him doing the thinking for me.

Uncle Fred flits by*

L'escapade de l'oncle Fred

Cette nouvelle est tirée de *Young Men in Spats* (« Jeunes gens en demi-guêtres »), recueil paru en 1936. Elle a pour cadre le Drones Club, club des faux bourdons, où se réunit l'élite des jeunes parasites de la bonne société londonienne et des gentlemen plus âgés, oisifs et sagaces (parmi lesquels M. Mulliner, qu'on trouve au cœur de plusieurs nouvelles). Le point de départ est toujours le même : un membre du club, le plus souvent désigné par ses habitudes alimentaires (Eggs and Beans, the Crumpet) ou par sa boisson favorite (Pint of Bitter, Gin and Angostura), relate l'aventure survenue à un autre membre qui se signale par sa mine funeste ou son air de grand désarroi. Ici les héros sont Reginald « Pongo » Twistleton-Twistleton, et son oncle à héritage Fred, Earl (comte) of Ickenham, à qui il tente régulièrement de soutirer de l'argent. L'oncle est coutumier de frasques extraordinaires lors de chacun de ses passages à Londres. De son côté, le neveu essaie de l'en dissuader, sans succès. La nouvelle raconte comment cette fois-ci, il a cru y parvenir, pour en définitive faire les frais d'une escapade de l'oncle en banlieue, à cause du mauvais temps, d'un perroquet et d'un couple d'amoureux transis qui y gagnera une dot à ses dépens.

---

* **To flit by** : *passer comme une ombre* ; **to flit away** : *partir* ; **to flit about** : *aller et venir d'un pas léger.*

In order that they might[1] enjoy their afternoon luncheon[2] coffee in peace, the Crumpet[3] had taken the guest whom he was entertaining at the Drones[4] Club to the smaller and less frequented[5] of the two smoking-rooms. In the other, he explained, though the conversation always touched an exceptionally high level of brilliance, there was apt to be[6] a good deal of sugar thrown about.

The guest said he understood.

"Young blood[7], eh?"

"That's right. Young blood."

"And animal spirits[8]."

"And animal, as you say, spirits," agreed the Crumpet. "We get a fairish[9] amount of those here. »

"The complaint[10], however, is not, I observe, universal."

"Eh?"

The other drew his host's attention to the doorway, where a young man in form-fitting tweeds had just appeared. The aspect of this young man was haggard. His eyes glared[11] wildly and he sucked at an empty cigarette-holder. If he had a mind, there was something on it[12]. When the Crumpet called to him to come and join the party, he merely shook his head[13] in a distraught sort of way and disappeared, looking like a character out of a Greek tragedy pursued by the Fates[14].

The Crumpet sighed. "Poor old Pongo!"

"Pongo?"

---

1. **In order that they might : might** a valeur de subjonctif.
2. **Afternoon luncheon :** à rapprocher de **evening luncheon :** *repas du soir.* **Luncheon**, repas plus officiel ou plus élaboré qu'un simple **lunch.**
3. **Crumpet :** sorte de crêpe servie avec le thé ; aussi (fam.) : *tête, caboche, ciboulot.*
4. **Drone :** *abeille mâle, faux bourdon ; parasite, inutile, fainéant.*
5. **The smaller and less frequented :** l'anglais emploie le comparatif pour la comparaison de deux éléments, là où le fr. emploie le superlatif.
6. **There was apt to be :** formule inédite qui signifie à peu près : *il allait probablement y avoir ;* **apt** (d'esprit) *vif ; approprié, adapté ;* (US) *susceptible de, enclin à.*
7. **Young blood :** m. à m. *« sang jeune ».*

Afin qu'après le déjeuner ils puissent déguster en paix leur café de l'après-midi, La Brioche avait entraîné son invité dans le plus petit et le moins fréquenté des deux fumoirs du Drones Club. Dans l'autre, expliqua-t-il, bien que la conversation atteignît toujours un niveau d'esprit exceptionnellement élevé, on risquait fort de voir voler les morceaux de sucre.

L'invité dit qu'il comprenait.

« Jeunesse pleine de fougue, hein ? »

« Très juste, pleine de fougue. »

« Et d'exubérance. »

« Et d'exubérance, comme vous dites », acquiesça La Brioche. « On en trouve beaucoup par ici. »

« Pourtant, j'observe que le mal n'a pas encore atteint tout le monde. »

« Hein ? »

L'autre attira l'attention de son hôte sur le pas de la porte où un jeune homme en costume de tweed bien coupé venait d'apparaître. Il semblait hagard. Ses yeux brillaient d'un éclat sauvage et il suçotait un fume-cigarette vide. S'il n'avait pas complètement perdu l'esprit, celui-ci était sûrement troublé. Quand La Brioche l'invita à se joindre à eux, il se contenta de faire non de la tête d'une façon affolée et disparut. On eût dit un de ces personnages des tragédies grecques poursuivis par les Parques.

La Brioche soupira : « Pauvre vieux Pongo. »

« Pongo ? »

---

8. **Animal spirits :** m. à m. *« esprits animaux ».*
9. **Fairish :** *passable(ment), assez bien, assez bon ; couci-couça.* La désinence **-ish** ajoutée à un adj. marque l'approximation : **youngish** : *jeunot ;* **palish :** *pâlot ;* **poorish :** *plutôt pauvre.* Ajouté au n., **-ish** renvoie aux qualités de celui-ci : **childish** : *enfantin.*
10. **Complaint :** *plainte, réclamation ; grief ; mal, maladie.*
11. **To glare :** *briller d'un éclat aveuglant ;* **to glare at :** *foudroyer du regard, défier du regard.*
12. **To have sth on one's mind :** *être préoccupé, avoir qqch. qui vous obsède.*
13. **To shake one's head :** *secouer la tête négativement, faire non de la tête ;* ≠ **nod :** *acquiescer d'un signe de tête.*
14. **The Fates :** *les Parques* (mythologie) ; **fate :** *destin, fatalité, (coup du) sort.* **To meet one's fate :** *trouver la mort.*

87

"That was Pongo Twistleton. He's all broken up[1] about his Uncle Fred."

"Dead?"

"No such luck[2]. Coming up to London again tomorrow. Pongo had a wire[3] this morning."

"And that upsets him?"

"Naturally. After what happened last time."

"What was that?"

"Ah!" said the Crumpet.

"What happened last time?"

"You may well[4] ask."

"I do ask[5]."

"Ah!" said the Crumpet.

Poor old Pongo (said the Crumpet) has often discussed his Uncle Fred with me, and if there weren't tears in his eyes when he did so, I don't know a tear in the eye when I see one[6]. In round numbers[7] the Earl[8] of Ickenham, of Ickenham Hall[9], Ickenham, Hants, he lives in the country most of the year, but from time to time has a nasty way[10] of slipping his collar[11] and getting loose[12] and descending upon Pongo at his flat in the Albany[13]. And every time he does so, the unhappy young blighter is subjected to some soul-testing[14] experience. Because the trouble with this uncle is that, though sixty if a day[15], he becomes on arriving in the metropolis as young as he feels – which is, apparently, a youngish twenty-two.

---

1. **To break up** : *(se) briser, rompre ; craquer, se dissoudre ; (foule) se disperser ; s'arrêter, faire la pause, fermer (vacances).*

2. **No such luck** : m. à m. « *pas une telle chance* ».

3. **Wire** : *fil de fer, câble métallique ; d'où télégramme, câble.*

4. **You may well** : *vous pouvez bien ; vous faites bien de.*

5. **I do ask** : phrase positive avec auxiliaire d'insistance ; autre ex. : **do sit down** : *assez-vous, je vous en prie.*

6. **I don't know a tear when I see one** : m. à m. « *je ne sais pas [reconnaître] un pleur, une larme quand j'en vois un/e* ». Autre ex. : **he didn't know him from his brother** : *il l'a confondu avec son frère.*

7. **In round numbers** : m. à m. « *en chiffres ronds* ».

8. **Earl** : *comte* (d'origine saxonne) ; comte d'origine étrangère :

« C'était Pongo Twistleton. Il est fortement secoué, à cause de son oncle Fred. »

« Mort ? »

« Malheureusement pas. Il revient à Londres demain. Pongo a reçu un télégramme ce matin. »

« Et ça le bouleverse à ce point ? »

« Naturellement, après ce qui s'est passé la dernière fois. »

« C'est-à-dire ? »

« Ah ! » fit La Brioche.

« Qu'est-ce qui s'est passé la dernière fois ? »

« Vous avez bien raison de me le demander. »

« J'insiste. »

« Ah ! » fit La Brioche.

Ce pauvre vieux Pongo, commença La Brioche, m'a souvent parlé de son oncle Fred, et s'il n'y avait pas de larmes dans ses yeux lorsqu'il m'en parlait, c'est que je ne sais pas reconnaître une larme dans un œil quand j'en vois une. Grosso modo, le comte d'Ickenham, du château d'Ickenham à Ickenham, Hampshire, vit à la campagne la majeure partie de l'année mais, de temps en temps, il a cette vilaine manie de secouer ses chaînes et d'abandonner toute retenue ; il débarque alors chez Pongo, qui vit dans un appartement d'Albany. Et chaque fois que cela arrive, ce pauvre vieux Pongo endure des tourments à vous mettre l'âme à l'épreuve. Car le problème avec cet oncle c'est que, bien qu'ayant une soixantaine bien sonnée, il se change, à peine arrivé dans la capitale, en un jeune homme d'à peine vingt-deux ans : c'est l'âge qu'il croit le sien.

---

count ; le fém. des deux est **countess**. Autres titres de noblesse (toujours en usage au Royaume-Uni !) : **baron** (fém. **baroness), marquess (marchioness), duke (duchess), prince (princess).**

9. **Hall :** *petit château, manoir, hôtel (particulier) ; grande salle, salle à manger ; vestibule, entrée.*

10. **Nasty way :** m. à m. *« vilaine façon, sale manière ».*

11. **To slip his collar :** m. à m. *« se tortiller, s'arranger pour ôter son collier »* (se dit d'un chien).

12. **To get loose** [luːs] : *se déchaîner* (propre et fig.).

13. **Albany :** quartier chic dans la partie ouest de Londres.

14. **Soul-testing :** *qui éprouve l'âme ;* **soul** [səʊl].

15. **Though sixty if a day :** m. à m. *« quoique (âgé de) soixante (ans) s'il a un jour ».*

I don't know if you happen to know what the word 'exces-ses' means, but those are what Pongo's Uncle Fred from the country, when in London, invariably commits.

It wouldn't so much matter[1], mind you[2], if he would[3] confine his activities to the club premises[4]. We're pretty[5] broad-minded[6] here, and if you can stop short of[7] smashing the piano, there isn't much that you can do at the Drones that will cause the raised eyebrow[8] and the sharp intake of breath[9]. The snag[10] is that he will insist on lugging[11] Pongo out in the open and there, right in the public eye, proceeding to step high, wide and plentiful[12].

So when, on the occasion to which I allude, he stood pink and genial on Pongo's hearth-rug[13], bulging[14] with Pongo's lunch and wreathed[15] in the smoke of one of Pongo's cigars, and said: "And now, my boy, for[16] a pleasant and instructive afternoon," you will readily understand why the unfortunate young clam[17] gazed at[18] him as he would have gazed at two-penn'orth of[19] dynamite, had he discovered[20] it lighting up in his presence.

"A what?" he said, giving at the knees and paling beneath the tan a bit.

"A pleasant and instructive afternoon," repeated Lord Ickenham, rolling the words round his tongue. "I propose that you place yourself in my hands and leave[21] the programme entirely to me."

---

1. **It wouldn't so much matter** : m. à m. « *cela n'aurait pas telle-ment d'importance* ».
2. **Mind you** : m. à m. « *faites-y attention* ».
3. **If he would...** : ce conditionnel après **if** insiste sur le bon vou-loir ; autre ex. : **if you would take a seat** : *si vous vouliez bien vous asseoir*.
4. **Premises** : *lieux, locaux*. **On the premises** : *sur place, sur les lieux*.
5. **Pretty** : adj. utilisé comme adv. devant un autre adj. Autre ex. : **pretty bad** : *assez mauvais, plutôt mal*.
6. **Broad-minded** : *à l'esprit large, large d'esprit*.
7. **To stop short of** (+ v. en **-ing**) : m. à m. « *s'arrêter juste avant de* ».
8. **To cause the raised eyebrow** : m. à m. « *causer, provoquer le haussement de sourcil* ».
9. **Sharp intake of breath** : m. à m. « *brusque aspiration d'air* ».

Je ne sais si, par hasard, vous connaissez le sens exact du mot « excès », mais c'est ce que l'oncle Fred de Pongo, ayant quitté sa campagne, commet invariablement lorsqu'il est à Londres.

Ce ne serait pas si grave, remarquez, s'il voulait bien confiner ses activités à l'intérieur des murs du club. On a les vues larges ici, et si vous vous abstenez de démolir le piano, vous pouvez faire presque n'importe quoi au Drones, ça ne fera pas hausser un sourcil ou accélérer un rythme cardiaque. Le problème est qu'il insiste pour traîner Pongo au-dehors, et là, au vu et au su de tout le monde, il se met à faire les quatre cents coups.

Mais lorsque, pour revenir à l'histoire à laquelle je fais allusion, debout près de la cheminée de Pongo, rubicond et cordial, gavé du repas qui venait de lui être servi et enveloppé de la fumée d'un des cigares de Pongo, il dit : « Et maintenant, mon garçon, en route pour une instructive et agréable après-midi », vous comprendrez facilement pourquoi l'infortuné jeune mollusque le contempla comme il aurait observé deux sous de dynamite dont il découvrirait qu'elle s'enflammait devant lui.

« Une quoi ? » dit-il, les genoux faibles et pâlissant un peu sous son bronzage.

« Une après-midi instructive et agréable », répéta lord Ickenham en savourant chaque mot. Je te propose de t'en remettre à moi et de me laisser entièrement le choix du programme. »

---

10. **Snag :** *souche ; écueil* (à la navigation, sous forme de bois flottant) ; *accroc, obstacle, piège.* **There's a snag :** *il y a un os.*
11. **To lug :** *(en)traîner, tirer au-dehors, promener.*
12. **To step high, wide and plentiful :** m. à m. (équitation) « *avoir des battues relevées, vastes et pleines* ».
13. **Hearth-rug :** m. à m. « *tapis devant une cheminée* ».
14. **To bulge :** *bomber, ballonner, faire saillie, faire une bosse.*
15. **To wreathe** [ri·ð] **:** *ceindre, couronner* (de guirlandes). **Wreath :** *guirlande, couronne ; volute, panache, spirale* (fumée).
16. **And now for :** m. à m. « *et maintenant* (préparons-nous) *pour* ».
17. **Clam :** mollusque bivalve du genre praire à coque lisse.
18. **To gaze at :** *regarder avec des yeux ronds, fixer du regard.*
19. **Two-penn'orth (= pennyworth) of :** m. à m. « *la valeur de deux pence de* » = *deux sous de.*
20. **Had he discovered :** cette inversion équivaut à **If he had...**
21. **That you leave : you leave** joue le rôle d'un subjonctif.

91

Now, owing to[1] Pongo's circumstances[2] being such as to necessitate his getting into the aged relative's[3] ribs[4] at intervals[5] and shaking him down[6] for an occasional much-needed tenner[7] or what not[8], he isn't in a position to use the iron hand with the old buster[9]. But at these words he displayed a manly[10] firmness.

"You aren't going to get me to the dog races[11] again."

"No, no."

"You remember what happened last June."

"Quite," said Lord Ickenham, "quite. Though I still think that a wiser magistrate would have been content with a mere reprimand[12]."

"And I won't – "

"Certainly not. Nothing of that kind at all. What I propose to do this afternoon is to take you to visit the home[13] of your ancestors."

Pongo did not get this.

"I thought Ickenham was the home of my ancestors."

"It is one of the homes of your ancestors. They also resided[14] rather nearer the heart of things, at a place called Mitching Hill."

"Down in the suburbs[15], do you mean?"

"The neighbourhood[16] is now suburban, true. It is many years since[17] the meadows where I sported[18] as a child were sold and cut up into building lots.

---

1. **Owing to** : *en raison de, eu égard à, du fait que.*
2. **Pongo's circumstances** : m. à m. *« les moyens, la situation financière de Pongo ».*
3. **Relative** ['relətɪv] : (n.) *parent, allié* ; syn. **relation.** *Une relation :* **an acquaintance ; a relationship.**
4. **To get into sb's ribs** : m. à m. *« toucher les côtes de qqn »* (pour attirer son attention) ; **ribs** : *côtes ; côtelettes.*
5. **At intervals** : *à intervalles réguliers ; de temps à autre.*
6. **To shake down** : m. à m. *« secouer pour faire tomber ».*
7. **An occasional tenner** : *un billet de dix livres* (fam.) *occasionnel ;* **fiver** : *billet de cinq (livres) ;* **occasional** : *occasionnel, de circonstance ; surnuméraire, « extra ».*
8. **Or what not** : *que sais-je encore.*
9. **The old buster** : *le vieux sauteur.*
10. **Manly** : *masculin, viril, digne d'un (vrai) homme.*

À vrai dire, vu que les finances de Pongo nécessitent régulièrement qu'il passe la main dans le dos de son parent âgé pour le taper à l'occasion d'un billet de dix livres bien nécessaire, que sais-je encore, il n'est pas en mesure de se montrer ferme avec le vieux. Mais cette fois-là, il fit preuve d'une grande fermeté.

« Vous n'allez pas encore m'emmener aux courses de lévriers ? »

« Non, non. »

« Vous vous souvenez de ce qui s'est passé en juin dernier ? »

« Je me souviens », dit lord Ickenham, « tout à fait. Quoique je persiste à croire qu'un juge plus avisé se serait contenté d'une simple admonestation. »

« Et je ne veux pas... »

« Certainement pas. Rien de ce genre. Ce que je propose de faire cette après-midi, est de t'emmener visiter la maison de tes ancêtres. »

Pongo ne comprenait pas.

« Je croyais que la maison de mes ancêtres, c'était Ickenham. »

« C'est l'une des maisons de tes ancêtres. Ils sont aussi habité plus près du cœur des choses, en fait, un endroit nommé Mitching Hill. »

« En banlieue, vous voulez dire ? »

« Il est vrai que les environs sont des banlieues maintenant. Il y a plusieurs années que les prairies où je gambadais enfant ont été vendues et divisées en lotissements.

---

11. **Dog races** : *les courses de chiens,* en réalité de lévriers, sont toujours très populaires en Grande-Bretagne et en Irlande ; on y parie comme sur les chevaux chez les **bookmakers,** ou **turf-accòuntants.**

12. **Reprimand** : aussi *réprimande, blâme, apostrophe.*

13. **Home** : *maison ;* aussi *foyer, berceau.*

14. **To reside** [rɪˈzaɪd] : *résider,* mais **residence** [ˈrezɪdəns].

15. **Down in the suburbs** : *là-bas dans les faubourgs.*

16. **Neighbourhood** [ˈneɪbəhʊd] : *voisinage.*

17. **It is many years since** + prétérit : *il y a longtemps que ;* m. à m. « *il est de nombreuses années depuis que* ».

18. **To sport** : outre *arborer, porter, exhiber,* signifie d'abord *jouer, folâtrer ; se divertir, s'ébattre.* L'adj. et le n. **sporting** renvoient d'abord à *la chasse* et à *la pêche* considérées comme les activités ludiques premières.

But when I was a boy Mitching Hill was open country [1]. It was a vast, rolling estate [2] belonging to your great-uncle [3] Marmaduke, a man with whiskers of a nature which you with your pure mind would scarcely credit [4], and I have long felt a sentimental urge to see what the hell [5] the old place looks like now [6]. Perfectly foul [7], I expect. Still, I think we should make the pious [8] pilgrimage.''

Pongo absolutely-ed [9] heartily [10]. He was all for the scheme [11]. A great weight seemed to have rolled off his mind. The way he looked at it was that even an uncle within a short jump of [12] the looney bin [13] couldn't very well get into much trouble in a suburb. I mean, you know what suburbs are. They don't, as it were, offer the scope. One follows his reasoning, of course.

''Fine!'' he said. ''Splendid! Topping!''

''Then put on your hat and rompers, my boy,'' said Lord Ickenham, ''and let us be off. I fancy one gets there by omnibuses and things [14].''

Well, Pongo hadn't expected much in the way of [15] mental uplift [16] from the sight of Mitching Hill, and he didn't get it. Alighting [17] from the bus, he tells me, you found yourself in the middle of rows [18] and rows of semi-detached villas, all looking exactly alike, and you went on and you came to more semi-detached [19] villas, and those all looked exactly alike, too. Nevertheless, he did not repine.

---

1. **Open country** : cf. **open sea** : *haute mer ;* **open road** : *grand-route.*
2. **Estate** : 1) *propriété, domaine, bien, immeuble ;* **personal estate** : *biens mobiliers, biens personnels ;* 2) *état ; rang ; ordre.*
3. **Great-uncle** : *grand-oncle ;* sur ce modèle **great-niece** : *petite-nièce ;* **great-grandfather** : *arrière-grand-père,* etc.
4. **Whiskers of a nature which you with your pure mind would scarcely credit** : m. à m. « *des favoris d'une nature telle que toi, avec ton esprit pur, n'y croirais guère* ».
5. **What the hell** : m. à m. « *quoi le diable* » ; grossier ou vulgaire.
6. **Looks like now** : m. à m. « *à quoi ressemble à présent* ».
7. **Foul** [faul]: *nauséabond, malpropre ;* (acte) *atroce, contraire ;* (jeu) *irrégulier, contraire aux règles ;* **foul play !** *faute !*
8. **The pious** : **the** peut être démonstratif.
9. **Absolutely-ed** : renvoie à un usage intensif de **absolutely** pour exprimer un accord. De nos jours, on trouve **okay-ed**.

Mais quand j'étais enfant Mitching Hill était en rase campagne. C'était un vaste domaine vallonné, appartenant à ton grand-oncle Marmaduke, un homme qui portait des favoris si extravagants qu'un esprit simple comme toi aurait du mal à les imaginer ; et sacrebleu, cela fait longtemps que je ressens le besoin pressant d'aller voir ce que ce bon vieil endroit est devenu. Parfaitement immonde, j'imagine. Malgré cela, je pense que nous devons entreprendre ce pieux pèlerinage. »

Pongo manifesta son enthousiasme avec force « absolument » joyeux. Il approuvait entièrement le projet. Un grand poids semblait s'être envolé de son âme. Il lui semblait que même un oncle sur le point d'être interné pouvait difficilement, en banlieue, se précipiter dans des abîmes d'ennuis. Enfin, vous savez comment sont les banlieues : elles n'offrent, pour ainsi dire, aucune perspective. On comprend son raisonnement, bien sûr.

« Parfait ! » dit-il. « Splendide ! Grandiose ! »

« Alors mets ton chapeau et ta barboteuse, mon garçon, » dit lord Ickenham, « et allons-y. J'imagine qu'on y va en prenant des omnibus ou des choses de ce genre. »

Bon, Pongo ne s'était pas attendu à un choc esthétique à la vue de Mitching Hill et il ne l'eut pas. À peine descendu du bus, me dit-il, on se trouvait au milieu d'innombrables rangées de villas jumelles toutes parfaitement semblables et, plus on avançait, plus c'était la même chose. Néanmoins, il ne s'en plaignit pas.

---

10. **Heartily** : *avec enthousiasme, chaleureusement ; avec force, volontiers ; beaucoup, copieusement.*
11. **Scheme** [ski:m] : *arrangement, combinaison ; plan, projet ; intrigue, machination, combine.*
12. **Within a short jump of** : m. à m. « *à moins d'un petit saut de* ».
13. **Looney bin** : m. à m. « *boîte à dingues* » ; (fam.) *asile d'aliénés* ; on trouve aussi **mad-house**. **Looney** (ou **loony**) semble dériver de **lunatic** ['lu:nətɪk] : *fou, aliéné.*
14. **Omnibuses and things** : cette imprécision voulue marque une forme de dédain.
15. **In the way of** : *dans le domaine de, au point de vue de.*
16. **Uplift** : *élévation, haussement, soulèvement.*
17. **To alight** : *descendre, mettre pied à terre.*
18. **Row** [rəʊ] : *rang, colonne.* Cf. n. 5, p. 78.
19. **Semi-detached (house)** : *(maison) mitoyenne, jumelle.*

It was one of those early spring days which suddenly change to mid-winter [1] and he had come out without his overcoat, and it looked like rain [2] and he hadn't an umbrella, but despite this his mood was one of sober ecstasy [3]. The hours were passing and his uncle had not yet made a goat [4] of himself. At the Dog Races the other had been in the hands of the constabulary [5] in the first ten minutes.

It began to seem to Pongo that with any luck [6] he might be able to keep the old blister pottering harmlessly [7] about here till nightfall, when he could [8] shoot a bit of dinner into him [9] and put him to bed. And as Lord Ickenham had specifically stated that his wife, Pongo's Aunt Jane, had expressed her intention of scalping him with a blunt knife if he wasn't back at the Hall by lunch time on the morrow, it really looked as if he might get through [10] this visit without perpetrating a single major outrage on the public weal. It is rather interesting to note that as he thought this Pongo smiled, because it was the last time he smiled that day.

All this while [11], I should mention, Lord Ickenham had been stopping at intervals like a pointing dog and saying that it must have been just about here that he plugged the gardener in the trousers seat with his bow [12] and arrow and that over there he had been sick after his first cigar, and he now paused in front of a villa which for some unknown reason called itself *The Cedars*. His face was tender and wistful.

"On this very spot [13], if I am not mistaken," he said, heaving a bit of a sigh, "on this very spot, fifty years ago come Lammas Eve [14], I... Oh, blast [15] it!"

---

1. **Mid-winter** : *mi-hiver* ; sur ce modèle : **mid-August** : *mi-août* ; **mid-week** : *milieu de semaine* ; **midday** : *midi*.
2. **It looked like rain** : m. à m. « *cela ressemblait à la pluie* ».
3. **One of sober ecstasy** : m. à m. « *était d'une sobre extase* ».
4. **Goat** : *chèvre,* cf. **make a fool of oneself** : *se ridiculiser.*
5. **The constabulary** : *la police* (*gendarmerie* à la campagne) ; composée de **constables** : *agents, policiers ; gendarmes.*
6. **Any luck** : *tant soit peu de chance, la moindre chance.*
7. **Harmlessly** : *de manière inoffensive, sans danger.*
8. **When he could** : m. à m. « *quand il pourrait* ».
9. **To shoot a bit of dinner into him** : m. à m. « *lui injecter un morceau de dîner* ».
10. **To get through** : m. à m. « *passer à travers* » (cette visite).

C'était une de ces premières journées de printemps qui se transforment rapidement en journée de plein hiver et il était sorti sans manteau ; il semblait qu'il allait pleuvoir, et il n'avait pas de parapluie ; malgré tout, son humeur était au beau fixe. Les heures passaient et son oncle ne s'était toujours pas mis à faire l'imbécile. Aux courses de lévriers, il s'était retrouvé aux mains de la police au bout d'à peine dix minutes.

Pongo commençait à penser qu'avec un peu de chance, il arriverait à garder ce vieil enquiquineur là jusqu'à la tombée de la nuit, à s'amuser sans faire de bêtises, puis il pourrait lui faire avaler un petit dîner et l'expédier au lit. Et comme lord Ickenham avait clairement déclaré que sa femme Jane, la tante de Pongo, avait exprimé son intention de le scalper avec un couteau émoussé s'il n'était pas rentré au château le lendemain pour le déjeuner, il semblait que cette visite pût vraiment se terminer sans que soit commise la moindre atteinte majeure contre le bien public. Il est assez intéressant de noter qu'en se faisant ces réflexions Pongo avait le sourire, parce que ce fut la dernière fois qu'il l'eut ce jour-là.

Pendant tout ce temps, il convient de dire que lord Ickenham s'était arrêté à plusieurs reprises comme un chien d'arrêt, disant que c'était juste là qu'il avait, à l'aide d'un arc et d'une flèche, tiré dans le fond de pantalon du jardinier, et qu'un peu plus loin, il avait été malade après son premier cigare ; puis il s'arrêta juste en face d'une villa qui, pour une raison inconnue, s'appelait *Les Cèdres*. Il avait un air attendri et pensif.

« À cet endroit très précis, si je ne me trompe pas », dit-il avec un gros soupir, « à cet endroit très précis, il y aura cinquante ans fin juillet... la barbe ! »

---

11. **While** : (n.) *temps, moment, instant.*
12. **Bow** : △ prononciation : 1) [bəʊ] *arc, archet* ; 2) [baʊ] *salut, révérence, inclinaison* (de la tête), ou bien *proue, avant* (de navire).
13. **Spot** : *endroit, lieu* ; *pois* (tissu) ; *point précis* ; *tache* ; **on the spot** : *sur-le-champ* ; **a weak spot** : *un point faible.*
14. **Come Lammas Eve** : m. à m. *« vienne la veille de Lammas »* ; **Lammas** : autrefois le 1er août, fête de la moisson. Comme **Michaelmas** (29 septembre) ailleurs, le 1er août était le jour du règlement des loyers et des fermages en Écosse. **Eve** : *soir, veille* (cf. **evening**). **Christmas Eve, New Year's Eve** : *veille de Noël, réveillon du Jour de l'An.*
15. **To blast** : *faire sauter, détruire, anéantir,* ici (fam.) *maudire, envoyer au diable.*

The concluding remark had been caused by the fact that the rain, which had held off [1] until now, suddenly began to buzz down [2] like a shower-bath. With no further words, they leaped into the porch of the villa and there took shelter, exchanging glances with a grey parrot which hung in a cage in the window.

Not that you could really call it shelter. They were protected from above all right, but the moisture [3] was now falling with a sort of swivel [4] action, whipping [5] in through the sides of the porch and tickling them up properly. And it was just after Pongo had turned up his collar and was huddling against the door that the door gave way [6]. From the fact that a female [7] of general-servant aspect was standing there he gathered [8] that his uncle must have rung [9] the bell.

This female wore a long mackintosh [10], and Lord Ickenham beamed [11] upon her with a fairish spot of suavity [12].

"Good afternoon [13]," he said.

The female said good afternoon.

"The Cedars?"

The female said yes, it was The Cedars.

"Are the old folks [14] at home?"

The female said there was nobody at home.

---

1. **To hold off** : *tenir à distance, retenir ; s'abstenir, se réserver.*
2. **To buzz down** : (ici) *tomber avec un bourdonnement.*
3. **Moisture** ['mɒɪstʃə] : *humidité, buée.*
4. **Swivel** : *pivot ; émerillon.*
5. **To whip** : *fouetter.*
6. **To give way** : *céder, succomber, fléchir, se casser, se rompre ; se dérober ; céder le passage.*
7. **Female** : *femme, personne du sexe féminin ; femelle* (d'un animal). Aucune valeur péjorative : **a female doctor** : *une femme médecin.* L'équivalent masculin est **male : a male-nurse,** *un infirmier.*
8. **To gather** : *assembler, rassembler ; amasser, ramasser, cueillir ; conclure, déduire, comprendre.*
9. **Must have rung** : *a/avait dû sonner ;* **must** n'a pas de passé, mais une valeur d'obligation forte qui englobe le passé.

Cette interjection finale venait de ce que la pluie, qui jusque-là s'était abstenue, se mit soudain à s'abattre sur eux comme un jet de douche. Bondissant, sans paroles inutiles, sous le porche d'entrée de la maison pour s'abriter, ils se retrouvèrent en train d'échanger des regards avec un perroquet gris, s'accrochant dans une cage à la fenêtre.

Ce n'était d'ailleurs pas ce que l'on pouvait appeler un abri. Ils étaient, c'est vrai, protégés par le haut, mais la pluie pénétrait maintenant en tourbillons, battant les côtés du porche et les chatouillant de toute part. Et ce n'est qu'après que Pongo eut relevé son col et se fut blotti contre la porte, que celle-ci s'ouvrit. Comme une femme ayant l'aspect d'une bonne à tout faire se tenait sur le pas de la porte, il déduisit que son oncle avait dû sonner.

La femme portait un long imperméable ; lord Ickenham l'enveloppa d'un sourire vaguement mielleux.

« Bonjour », dit-il.

La femme dit bonjour.

« Les Cèdres ? »

La femme dit : « Oui, les Cèdres. »

« Les patrons sont-ils chez eux ? »

La femme dit qu'il n'y avait personne.

---

10. **Mackintosh :** du nom de l'inventeur du tissu caoutchouté et de la toile enduite.
11. **To beam :** *darder, lancer des rayons ; rayonner* (propre et fig.) ; *s'épanouir, avoir un large sourire.*
12. **Suavity :** *suavité, affabilité ;* (péjoratif) *politesse exquise* ou *mielleuse, obséquiosité.*
13. **Good afternoon :** *bonjour. Bonjour* se traduit, selon le moment de la journée : **good morning** ou **good afternoon. Good day** est un peu campagnard, la tendance est aujourd'hui à l'emploi de formules familières : **hello** ou **hi !**
14. **The old folks :** m. à m. *« les vieilles personnes » ;* d'où (fam.) : *les « vieux », les patrons.*

"Ah? Well, never mind[1]. I have come," said Lord Ickenham, edging in[2], "to clip the parrot's claws[3]. My assistant, Mr Walkinshaw, who applies the anaesthetic[4]," he added, indicating Pongo with a gesture.

"Are you from the bird shop[5]?"

"A very happy guess[6]."

"Nobody told me you were coming."

"They keep things from you[7], do they?" said Lord Ickenham, sympathetically[8]. "Too bad[9]."

Continuing to edge, he had got into the parlour by now, Pongo following in a sort of dream and the female following Pongo.

"Well, I suppose it's all right," she said. "I was just going out. It's my afternoon[10]."

"Go out," said Lord Ickenham cordially. "By all means go out. We will leave everything in order."

And presently[11] the female, though still a bit on the dubious side[12], pushed off[13], and Lord Ickenham lit the gas-fire and drew a chair up.

"So here we are my boy," he said. "A little tact, a little address, and here we are, snug and cosy[14] and not catching our deaths of cold[15]. You'll never go far wrong[16] if you leave things to me."

"But, dash it, we can't stop here," said Pongo.

Lord Ickenham raised his eyebrows.

---

1. **Never mind** : *aucune importance, n'y faites pas attention.*
2. **To edge in** : *s'insinuer (à l'intérieur)* ; **edge** : *fil tranchant, arête, angle* ; *bord, rebord* ; *lisière, bordure* ; *coin, cale.*
3. **Claws** : *griffes* (mammifères) ; *serres* (oiseaux).
4. **Anaesthetic** : [ænəs'θetɪk].
5. **Bird shop** : *magasin, marchand d'oiseau* ; *oisellerie.*
6. **Happy guess** : m. à m. « *estimation heureuse* » ; *conjecture favorable,* d'où *vous avez deviné.*
7. **They keep things from you** : m. à m. « *ils retiennent des choses* » (loin de vous), d'où *on vous cache certaines choses, on ne vous dit pas tout.* **They** a souvent le sens du pr. *on.*
8. **Sympathetically** : (adv.) de **sympathetic** [sɪmpə'θetɪk] ; *plein de compassion, qui comprend le chagrin, les malheurs d'autrui.*

« Ah ? Bon, peu importe », dit lord Ickenham, en se faufilant à l'intérieur. « Je suis venu pour rogner les serres du perroquet. Mon assistant, M. Walkinshaw, qui applique l'anesthésique », ajouta-t-il en désignant Pongo du geste.

« Vous êtes envoyés par l'oisellerie ? »

« Parfaitement deviné. »

« Personne ne m'a prévenue que vous veniez. »

« Ils ne vous disent pas tout, on dirait », dit lord Ickenham avec sympathie. « Quelle pitié. »

Poursuivant sa route il était parvenu dans le petit salon. Pongo suivait dans une sorte de rêve, et la femme suivait Pongo.

« Bon, je suppose que tout est en règle », dit-elle. « J'allais sortir, c'est mon jour de congé. »

« Sortez », dit lord Ickenham cordialement. « Sortez en toute confiance, nous laisserons tout en ordre. »

Quoiqu'encore un peu soupçonneuse, elle partit bientôt ; lord Ickenham alluma le chauffage au gaz et tira une chaise à lui.

« Et voilà mon garçon », dit-il. « Un peu de tact, un peu d'habileté, et nous voilà confortablement au chaud, au lieu d'attraper la crève dans le froid. Si tu te reposes sur moi, rien ne va mal bien longtemps. »

« Mais écoutez, bon sang, on ne peut pas rester ici », dit Pongo.

Lord Ickenham haussa les sourcils.

---

9. **Too bad** : (fam.) *pas de chance, c'est moche !*
10. **My afternoon** : sous-entendu **off (work)** : *mon après-midi libre.* **To have a day off** : *avoir un jour de congé.*
11. **Presently** : ▲ *bientôt, aussitôt ; à présent :* **at present, right now,** etc.
12. **On the dubious side** : m. à m. *« du côté dubitatif » ;* **dubious** : *dubitatif, vague, douteux.*
13. **To push off** : (argot) *mettre les voiles, filer, se carapater, déguerpir ;* (bateau) *pousser au large.*
14. **Snug and cosy** : m. à m. *« douillet et confortable ».*
15. **Catching our deaths of cold** : m. à m. *« attraper notre mort à cause du froid ».*
16. **To go wrong** : *aller mal ;* **to go far wrong** : *aller très mal.*

"Not stop here? Are you suggesting that we go out into that rain? My dear lad, you are not aware of the grave issues involved. This morning, as I was leaving home, I had a rather painful disagreement with your aunt. She said the weather was treacherous and wished me to take my woolly muffler. I replied that the weather was not treacherous [1] and that I would be dashed if I took my woolly muffler. Eventually, by the exercise of an iron will, I had my way [2], and I ask you, my dear boy, to envisage what will happen if I return with a cold in the head [3]. I shall sink to the level of a fifth-class power. Next time I came to London, it would be with a liver pad [4] and a respirator. No! I shall remain here, toasting [5] my toes at this really excellent fire. I had no idea that a gas-fire radiated such warmth. I feel all in a glow [6]."

So did Pongo. His brow was wet with honest sweat. He is reading for the Bar [7], and while he would be the first to admit that he hasn't yet got a complete toe-hold on the Law [8] of Great Britain he had a sort of notion that oiling into [9] a perfect stranger's [10] semi-detached villa on the pretext of pruning [11] the parrot was a tort or misdemeanour, if not actual barratry or soccage in fief [12] or something like that. And apart from the legal aspect of the matter there was the embarrassment of the thing. Nobody is more of a whale on [13] correctness and not doing what's not to be done than Pongo, and the situation in which he now found himself caused him to chew the lower lip and, as I say, perspire a goodish deal.

---

1. **Treacherous** ['tretʃərəs] : *traître, perfide.*
2. **To have one's way** : *faire ce qu'on a décidé, à sa guise, suivre son idée ;* l'ensemble de la phrase renvoie au proverbe : **where there's a will, there's a way** : *quand on veut, on peut* (m. à m. « *là où il y a une volonté, il y a un chemin* »).
3. **A cold in the head** : m. à m. « *un froid à la tête* ».
4. **Pad** : *coussinet, rembourrage, capitonage, pelote ; tampon, bloc* (de papier), *tablette* (à écrire) ; *aire, base ;* **launching-pad** : *aire de lancement.*
5. **To toast** [təust] : *rôtir, griller* (à la flamme ou au gril) ; **to toast sb** : *porter un toast à, boire à la santé de qqn.*
6. **Glow** [gləu] : *lueur rouge, rougeoiement, chaleur ; sensation de chaleur agréable ; couleur* (rouge) *du visage.*
7. **To read for the Bar** (ou **to read law**) : *faire des études de droit,*

« Ne pas rester ici ? Suggérerais-tu que nous sortions sous cette pluie ? Mon cher garçon, tu ne sembles pas avoir conscience des graves problèmes que cela implique. Ce matin, au moment de quitter la maison, j'ai eu des mots avec ta tante. Elle disait que le temps était instable, et voulait que je mette mon écharpe de laine. J'ai rétorqué que le temps n'était pas instable, et que je voulais bien être pendu si je mettais mon écharpe de laine. En définitive, par la vertu d'une volonté d'acier, j'ai fait ce que j'ai voulu, mais je te demande mon cher garçon d'imaginer ce qui se passera si je rentre à la maison avec un rhume. Je sombrerai au rang des puissances de cinquième ordre ; et la prochaine fois que je viendrais à Londres, ce serait avec une bouillotte et un inhalateur. Non, je resterai ici à me chauffer les orteils à cet excellent feu. Je ne savais pas qu'un radiateur au gaz dégageait tant de chaleur. Je me sens envahi d'une douce chaleur. »

Pongo aussi. Son front était humide de la plus honnête des sueurs. Il fait son droit, et quoiqu'il eût été le premier à admettre qu'il ne maîtrisait pas encore entièrement le droit anglais, il sentait confusément que se glisser dans la villa d'un parfait étranger sous prétexte de toiletter le perroquet était un délit ou même un crime ; ou peut-être même bien un pur et simple détournement de cargaison, voire un sac de domaine, ou quelque chose du même ordre. Et en dehors des aspects légaux du problème, il y avait le côté embarrassant de l'affaire. Personne n'est plus à cheval que Pongo sur les convenances, et moins enclin à faire ce qui ne doit pas l'être ; la situation dans laquelle il se trouvait le poussait à se mordre la lèvre inférieure et, comme je l'ai dit, à suer un bon coup.

---

faire son droit ; de même **to read for an exam** : *préparer un examen.* **The Bar** : *le Barreau ; l'ordre des avocats.*

8. **Toe-hold** : *prise ; (m. à m. d'orteils).* **The law** : *la loi,* mais aussi *le droit.*

9. **To oil into** : *se glisser, s'introduire insidieusement dans.*

10. **Stranger** : *inconnu* (dans les environs), *qui n'est pas d'ici; étranger,* différent de **foreigner** (*qui vient d'un pays étranger*).

11. **To prune** : *tailler, élaguer ; émonder, couper.*

12. **Tort** : *préjudice, acte dommageable.* **Misdemeanour** : *délit.* **Barratry** : *détournement* (par le capitaine d'un navire) ; **soccage in fief** : *socage (sac) de fief.* Pongo n'a pas assimilé ses cours de droit, et mélange tout.

13. **To be a whale on** : *être un as à ; être intraitable, imbattable sur ;* **whale** : *baleine.*

"But suppose the blighter who owns this ghastly[1] house comes back?" he asked. "Talking of envisaging things, try that one over on your pianola[2]."

And, sure enough[3], as he spoke, the front door bell rang.

"There!" said Pongo.

"Don't say 'There' my boy," said Lord Ickenham reprovingly. "It's the sort of thing your aunt says. I see no reason for[4] alarm. Obviously this is some casual[5] caller. A ratepayer[6] would have used his latchkey[7]. Glance cautiously[8] out of the window and see if you can see anybody."

"It's a pink[9] chap," said Pongo, having done so.

"How pink[10]?"

"Pretty pink."

"Well, there you are, then. I told you so. It can't be the big chief[11]. The sort of fellows who own[12] houses like this are pale and sallow owing to[13] working in offices all day. Go and see what he wants."

"You go and see[14] what he wants."

"We'll both go and see what he wants," said Lord Ickenham.

So they went and opened the front door, and there, as Pongo had said, was a pink chap. A small young pink chap, a bit moist about the shoulder-blades[15].

"Pardon me," said this pink chap, "is Mr Roddis in?"

"No," said Pongo.

---

1. **Ghastly :** *horrible, effroyable, effrayant.*
2. **Pianola :** (nom de marque), sorte de piano mécanique.
3. **Sure enough :** m. à m. « *assez sûr(ement)* ».
4. **Reason for :** noter la préposition **for.**
5. **Casual**['kæʒʊəl] : *fortuit, accidentel ; occasionel, intermittent ; de passage ; désinvolte, sans façon.*
6. **Ratepayer :** *contribuable local* (assujetti aux *impôts locaux* (**rates**)) ; sur le modèle de **taxpayer :** *contribuable.*
7. **Latchkey :** *clef de porte, clef de verrou*, mais aussi *passe-partout.*
8. **Cautiously :** *avec prudence, avec circonspection, en faisant attention ;* **caution :** *prudence, précaution, prévoyance ; réprimande, mise en garde.*

« Mais supposez que le raseur qui possède cette horrible maison revienne ? » demanda-t-il. « Et puisque l'on envisage l'avenir, essayez de faire tourner ce problème dans votre caboche. »

Et, évidemment, alors qu'il parlait, la sonnette de la porte d'entrée retentit.

« Et voilà ! » dit Pongo.

« Ne dis pas ''et voilà'', mon garçon » dit lord Ickenham d'un ton réprobateur. « C'est le genre de choses que dit ta tante. Je ne vois aucune raison de s'alarmer. Ce n'est probablement qu'un visiteur de passage. S'il s'agissait d'un propriétaire en règle avec ses impôts locaux, il aurait utilisé sa clef. Jette, avec précaution, un coup d'œil par la fenêtre, et dis-moi si tu vois quelqu'un. »

L'ayant fait, Pongo dit :

« Il y a un type tout rose. »

« Rose comment ? »

« Vraiment rose. »

« Eh bien nous y voilà. Je te l'avais bien dit, ce ne pouvait pas être le grand chef. Le genre de type qui possède des maisons comme celle-ci a un teint pâle et jaunâtre, qui vient du fait qu'il travaille toute la journée dans des bureaux. Va donc voir ce qu'il veut. »

« C'est vous qui allez voir ce qu'il veut. »

« Nous allons tous les deux aller voir ce qu'il veut », dit lord Ickenham.

Ils allèrent donc ouvrir la porte, et là, comme Pongo l'avait dit, se tenait un type tout rose. Un jeune type petit et tout rose, un peu mouillé aux entournures.

« Excusez-moi, M. Roddis est-il là ? » demanda-t-il.

« Non », répondit Pongo.

---

9. **Pink** : *de couleur rose.* Il s'agit vraisemblablement de la couleur du teint de la personne.

10. **How pink?** : m. à m. *« combien rose ? ».*

11. **The big chief** : expression d'origine américaine quant à l'emploi de **big**.

12. **The sort of fellows who own** : comme en fr., ce groupe nominal sujet est considéré comme pluriel, le v. est donc sans **s**.

13. **Owing to** : *eu égard à, en raison de.*

14. **Go and see** : le deuxième verbe, introduit par **and** en anglais, est traduit par un infinitif en fr.

15. **Shoulder-blades** : *omoplates.*

"Yes[1]," said Lord Ickenham. "Don't be silly, Douglas – of course I'm in. I am Mr Roddis," he said to the pink chap. "This, such as he is, is my son Douglas. And you?"

"Name of Robinson[2]."

"What about it[3]?"

"My name's Robinson."

"Oh, *your* name's Robinson? Now we've got it straight. Delighted to see you, Mr Robinson. Come right in and take your boots off[4]."

They all trickled[5] back to the parlour. Lord Ickenham pointing out objects of interest by the wayside[6] to the chap, Pongo gulping for air[7] a bit and trying to get himself abreast of[8] this new twist[9] in the scenario. His heart was becoming more and more bowed down[10] with weight of woe[11]. He hadn't liked being Mr Walkinshaw, the anaesthetist, and he didn't like it any better being Roddis Junior[12]. In brief, he feared the worst. It was only too plain to him by now that his uncle had got it thoroughly up his nose[13] and had settled down to one of his big afternoons, and he was asking himself, as he had so often asked himself before, what would the harvest be[14]?

Arrived in the parlour, the pink chap proceeded to[15] stand on one leg and look coy[16].

"Is Julia here?" he asked, simpering a bit, Pongo says.

"Is she?" said Lord Ickenham to Pongo.

"No," said Pongo.

---

1. En cas d'opposition avec l'énoncé précédent, **yes** se traduit par *si* ; autre ex. : **You didn't see him, did you? — Yes** : *Vous ne l'avez pas vu, n'est-ce pas ? — Si.*

2. **Name of Robinson** : m. à m. « *nom de Robinson* » ; style administratif ; on trouve aussi **a fellow by the name of Robinson** : *un type du nom de Robinson.*

3. **What about it?** : *oui, et alors, et après ?* L'oncle Fred feint de ne pas comprendre la formulation.

4. **Take your boots off** : l'invitation à se déchausser est facétieuse ; **boots** : *bottes, bottines.* Par rapport à **shoes** : *souliers, chaussures basses*, **boots** désigne toute espèce de chaussures montantes (ski, sports...). Noter aussi **brogues** : *chaussures de ville, souliers de marche* ; **pumps** : *escarpins.*

5. **To trickle** : *couler goutte à goutte, goutter ; produire un mince filet d'eau ; suinter.*

6. **By the wayside** : m. à m. « *au bord, le long du chemin* ».

« Si », dit lord Ickenham. « Ne sois pas ridicule, Douglas, bien sûr que je suis là. Je suis M. Roddis », dit-il au type tout rose. « Et voici, tel qu'en lui-même, mon fils Douglas. Et vous, qui êtes-vous ? »

« Nom, Robinson. »

« Et alors ? »

« Mon nom est Robinson. »

« Ah, votre nom est Robinson. Eh bien maintenant nous avons compris. Ravi de vous voir, M. Robinson, entrez et débottez-vous. »

Ils se dirigèrent tous trois vers le salon en file indienne. Lord Ickenham indiquant à l'homme au passage les objets dignes d'intérêt, Pongo essayant de reprendre son souffle et de se maintenir au niveau de ce nouveau rebondissement du scénario. Son cœur était de plus en plus serré sous le poids d'une grande détresse. Être M. Walkinshaw, l'anesthésiste, ne lui avait pas beaucoup plu, mais être M. Roddis jeune ne lui plaisait pas davantage. En bref, il redoutait le pire. Il ne lui était que trop évident maintenant que son oncle était en veine d'inspiration, et s'était lancé dans une de ses grandes après-midi ; et il se demandait, comme il se l'était souvent demandé auparavant, ce qui allait en découler.

Arrivé au salon, le type tout rose se percha sur une jambe et sembla pris d'une crise de timidité.

« Julia est-elle là ? » demanda-t-il. Et selon Pongo, il minaudait un peu.

« Est-elle là ? » demanda lord Ickenham à Pongo.

« Non », répondit Pongo.

---

7. **To gulp for air** : m. à m. « *avaler de l'air* » = *manquer d'air, étouffer.*
8. **Abreast of** : *à hauteur de poitrine, à la même hauteur, au même niveau.*
9. **Twist** : *vrille, tortillon, tournis.*
10. **Bowed down** : *courbé, abattu.*
11. **(Weight of) woe** [wəʊ] : *(poids du) malheur.*
12. **Roddis Junior** : cf. **Roddis Senior,** *l'Ancien, le Vieux ;* toujours en usage, surtout aux États-Unis où le fils aîné, dans certaines familles, porte le même prénom que son père. Poussé à l'extrême, cela donne Henry Ford III, IV, etc.
13. **Got it up his nose** : *il sentait bien son affaire.*
14. **What would the harvest be** : m. à m. « *quelle serait la moisson* ».
15. **Proceeded to** : *se mit à, entreprit de.*
16. **Coy** : *timide, réservé, modeste ; farouche, sauvage.*

"No," said Lord Ickenham.

"She wired me she was coming here today."

"Ah, then we shall have a bridge four[1]."

The pink chap stood on the other leg.

"I don't suppose you've ever met Julia. Bit of trouble in the family, she gave me to understand[2]."

"It is often the way[3]."

"The Julia I mean is your niece Julia Parker. Or, rather, your wife's niece Julia Parker."

"Any niece of my wife is a niece of mine[4]," said Lord Ickenham heartily. "We share and share alike[5]."

"Julia and I want to get married[6]."

"Well, go ahead[7]."

"But they won't let us[8]."

"Who won't?"

"Her mother and father. And Uncle Charlie Parker and Uncle Henry Parker and the rest of them[9]. They don't think I'm good[10] enough."

"The morality of the modern young man is notoriously lax[11]."

"Class enough[12], I mean. They're a haughty lot."

"What makes them haughty? Are they earls?"

"No, they aren't earls."

"Then why the devil," said Lord Ickenham warmly, "are they haughty? Only earls have a right to be haughty. Earls are hot stuff[13]. When you get an earl, you've got something."

---

1. **A bridge four** : m. à m. « *un quatre de (pour le) bridge* ».
2. **She gave me to understand** : *elle m'a donné à comprendre, elle m'a laissé entendre.*
3. **The way** : à partir du sens de base, *chemin, voie*, on trouve une infinité de sens et de traductions à ce mot ; (ici) *façon, manière*.
4. **Any niece of my wife...** : calqué sur **a friend of my friend is a friend of mine** : *les amis de mes amis sont mes amis.* Noter l'emploi du sg. en anglais, du pl. en français.
5. **We share and share alike** : m. à m. « *nous partageons, et nous partageons pareillement* ».
6. **To get married** : *se marier ;* **to get engaged** : *se fiancer ;* **to get divorced, to get a divorce** : *divorcer.*
7. **Go ahead** : signifie aussi *poursuivez, continuez.*
8. **They won't let us** : pour **will/won't** et la volonté ou le refus, voir n. 1, p. 38.

« Non », répéta lord Ickenham.

« Elle m'a télégraphié qu'elle venait aujourd'hui. »

« Très bien, comme cela nous serons quatre pour faire un bridge. » Le type tout rose changea de jambe.

« Je ne pense pas que vous connaissiez Julia. La famille est en froid, si j'ai bien compris ce qu'elle m'a dit. »

« C'est souvent le cas. »

« La Julia dont je parle, c'est votre nièce Julia Parker, ou plutôt Julia Parker, la nièce de votre femme. »

« Toutes les nièces de ma femme sont mes nièces », dit cordialement lord Ickenham. « Nous partageons tout équitablement. »

« Julia et moi voulons nous marier. »

« Eh bien, allez-y. »

« Mais ils ne veulent pas. »

« Qui donc ? »

« Son père, sa mère, et puis l'oncle Charlie Parker, l'oncle Henri Parker et tous les autres. Ils pensent que je ne suis pas assez bien. »

« La moralité du jeune homme moderne est, comme tout le monde ne le sait que trop, très relâchée. »

« Pas assez bien socialement, je veux dire. Ils sont du genre hautain. »

« Qu'est-ce qui les rend hautains ? Ce sont des comtes ? »

« Non, ce ne sont pas des comtes. »

« Alors pourquoi diable sont-ils hautains ? » demanda lord Ickenham avec chaleur. « Seuls les comtes ont le droit d'être hautains. Les comtes sont de drôles de gaillards et quand vous en rencontrez un, c'est quelque chose. »

---

9. **And the rest of them** : m. à m. *« et le reste d'(entre) eux ».*

10. **Good** : exprime aussi la notion de *moralement bien* et de *convenable ;* d'où la réplique de l'oncle Fred.

11. **Notoriously lax** : *funestement relâché ;* △ **notorious** : *(d'un fait) notoire, reconnu ;* péjoratif : *(de qqn) perdu de réputation, tristement célèbre ;* (lieu) *mal famé.*

12. **Class enough** : *suffisamment de classe* (ici **class** = *classe sociale) ;* autre ex. (fam.) : **he's no class** : *il est vulgaire, il n'est pas du meilleur monde.* Autres sens : *cours, classe* (école), *promotion* (université) ; *catégorie.*

13. **To be hot stuff** : (fam.) *être très fort, rouler les gens ;* aussi (récit, histoire) *salé(e), corsé(e) ;* (personne) *viveur, porté sur la gaudriole.*

"Besides, we've had words. Me[1] and her father. One thing led to another, and in the end I called him a perishing old[2] – Coo!" said the pink chap, breaking off[3] suddenly.

He had been standing[4] by the window[5], and he now leaped lissomely[6] into the middle of the room, causing Pongo, whose nervous system was by this time definitely down among the wines and spirits[7] and who hadn't been expecting this *adagio* stuff[8], to bite his tongue with some severity.

"They're on the doorstep! Julia and her mother and father. I didn't know they were all coming."

"You do not wish to meet them?"

"No, I don't!"

"Then duck[9] behind the settee[10], Mr Robinson," said Lord Ickenham, and the pink chap, weighing the advice and finding it good, did so. And as he disappeared the door bell rang.

Once more, Lord Ickenham led Pongo out into the hall.

"I say[11]!" said Pongo, and a close observer might have noted that he was quivering like an aspen[12].

"Say on[13], my dear boy."

"I mean to say, what?"

"What?"

"You aren't going to let these bounders[14] in, are you?"

"Certainly," said Lord Ickenham. "We Roddises[15] keep open house[16]. And as they are presumably aware that Mr Roddis has no son, I think we had better return to the old layout[17].

---

1. En principe, **me** est incorrect et devrait, comme pr. sujet, être remplacé par **I** (voir n. 7, p. 22).
2. **Perishing old... : perishing :** *fatal, transitoire* (de **to perish** = *périr*) ; ici, fam. (euph. pour **bloody**) : *satané, fichu, sacré.*
3. **To break off :** *(se) casser, (se) rompre ; interrompre, abandonner ; s'arrêter* (de faire qqch.), *faire la/une pause, fermer.*
4. **Had been standing :** action commencée antérieurement, par rapport à une action principale au passé simple, d'où le plus-que-parfait. En transposant au présent, on a : **he has been standing... and he leaps...**
5. **By the window : by** = **near, close to** ; autre ex. : **by the riverside :** *près de la rivière.*
6. **Lissomely :** adv. de **lissom(e) :** *leste, souple, agile.*
7. **Down among the wines and spirits :** m. à m. « *en bas au milieu des vins et des alcools* », donc *à la cave.*

110

« De plus, nous avons eu des mots. Moi et son père. Une parole en entraînant une autre, j'ai fini par le traiter de sacré vieux... Ouh la la ! » s'écria le type, tout rose, en rompant brusquement.

Il s'était tenu près de la fenêtre, et le voilà bientôt, d'un bond agile, au milieu de la pièce ; Pongo, dont le système nerveux, à ce stade, se trouvait une fois pour toutes au trente-sixième dessous, et qui ne s'attendait pas à cet adagio, s'en mordit du coup assez violemment la langue.

« Ils sont sur le pas de la porte ! Julia, sa mère, son père. Je ne savais pas qu'ils venaient tous. »

« Et vous ne souhaitez pas les voir ? »

« Non. »

« Alors plongez derrière ce canapé, M. Robinson », dit lord Ickenham. Et le type tout rose, pesant le conseil et le trouvant bon, s'exécuta. Comme il disparaissait, la sonnette de la porte d'entrée retentit.

Une fois de plus, lord Ickenham entraîna Pongo dans l'entrée.

« Dites donc ! » fit Pongo. Et un observateur attentif eût constaté qu'il tremblait comme une feuille.

« Dis-moi, mon cher garçon. »

« Je veux dire, enfin quoi ? »

« Quoi, quoi ? »

« Vous n'allez pas faire entrer ces malotrus, non ? »

« Bien sûr que si, dit lord Ickenham. Nous autres, les Roddis, tenons maison ouverte. Et comme il est plus que probable qu'ils savent que M. Roddis n'a pas de fils, je pense qu'il vaut mieux revenir au scénario précédent.

---

8. **Stuff** : 1) *matière* ; 2) *étoffe* ; 3) *affaire, chose, truc, machin.*

9. **To duck** : *piquer, plonger* (comme un canard sous l'eau).

10. **Settee** : [se'ti:].

11. **I say** : *je dis ;* exprime l'interrogation, le doute ou le désir de faire valoir un point de vue contradictoire.

12. **Aspen** : *tremble* (arbre).

13. **Say on** : *poursuivez, dites toujours.*

14. **Bounders** : (fam.) *prétentieux.*

15. **Roddises** : contrairement au fr. le n. propre prend le pluriel (ici avec **e** intercalaire pour l'euphonie).

16. **Open house** : *maison ouverte ;* s'emploie de nos jours pour les *journées portes ouvertes.*

17. **Layout** : *dispositif, disposition ; présentation* (texte, document).

You are the local vet[1], my boy, come to minister to[2] my parrot. When I return, I should like to find you by the cage, staring at the bird in a scientific manner. Tap your teeth from time to time with a pencil and try to smell of iodoform[3]. It will help to add conviction."

So Pongo shifted[4] back to the parrot's cage and stared so earnestly[5] that it was only when a voice said "Well!" that he became aware[6] that there was anybody in the room. Turning, he perceived that Hampshire's leading[7] curse had come back, bringing the gang[8].

It consisted of[9] a stern[10], thin, middle-aged[11] woman, a middle-aged man and a girl.

You can generally accept Pongo's estimate[12] of girls, and when he says that this one was a pippin[13] one knows that he uses the term in its most exact sense. She was about nineteen, he thinks, and she wore a black beret, a dark-green leather coat, a shortish[14] tweed skirt, silk stockings and high-heeled shoes[15]. Her eyes were large and lustrous and her face like a dewy rosebud at daybreak on a June morning. So Pongo tells me. Not that I suppose he has ever seen a rosebud at daybreak on a June morning, because it's generally as much as you can do to[16] lug him out of bed in time for nine-thirty breakfast. Still, one gets the idea.

---

1. **Vet** : abr. de **veterinary (surgeon)** ['vetərɪnrɪ 'sɜːdʒən]. **Local** désigne tout ce qui est *du quartier*.
2. **To minister to** : *soigner ; fournir, subvenir aux besoins.*
3. **Iodoform** : [aɪˈʊdəfɔːm].
4. **To shift** : *changer de place, remuer, bouger* ; **to shift back** : *revenir, se remettre en place, reprendre place.*
5. **Earnest** : *sérieux, consciencieux* ; également le prénom *Ernest*. Cf. la pièce d'O. Wilde, **The Importance of being Earnest**). **In earnest** : *pour de bon, sérieusement.*
6. **Aware** : *conscient* ; **to become aware (of, that)** : *comprendre, prendre conscience (de, que).*
7. **Leading** : *qui mène, guide, est en tête ; principal, premier.*
8. **Gang** : *chemin, passage ; groupe, escouade, piquet, équipe* (ouvriers, dockers) ; *bande* (de voleurs, etc.). US : **gangster** : *membre d'une bande, bandit, nervi.*

Tu es le vétérinaire du coin, venu soigner mon perroquet. Quand je reviendrai, j'aimerais te trouver près de la cage, en train d'observer le perroquet d'un œil scientifique. Tapote-toi les dents de temps en temps avec un crayon, et essaie de sentir la teinture d'iode. Cela ajoutera à ta crédibilité. »

Pongo s'en retourna donc vers la cage du perroquet et se mit à le fixer avec une telle acuité que ce ne fut que quand une voix dit « Bien ! » qu'il se rendit compte qu'il y avait du monde dans la pièce. En se retournant, il vit que la plus grande malédiction du comté de Hampshire était de retour, suivie de toute la bande.

Cette dernière se composait d'une femme maigre, d'âge moyen, l'air sévère, d'un homme d'âge moyen et d'une jeune fille.

On peut généralement faire confiance au goût de Pongo en matière de jeunes filles, et quand il dit que celle-là était jolie comme une pomme d'api, on sait qu'il emploie le mot dans son sens le plus strict. Elle avait, jugea-t-il, à peu près dix-neuf ans et portait un béret noir, un manteau de cuir vert foncé, une jupe de tweed plutôt courte, des bas de soie et des souliers à hauts talons. Elle avait de grands yeux brillants, et son visage était comme un bouton de rose couvert de rosée à l'aurore d'un matin de juin. C'est ce que Pongo m'a dit, bien que je suppose qu'il n'a jamais vu de bouton de rose à l'aurore d'un matin de juin, vu qu'il est généralement difficile de le tirer du lit à temps pour le petit déjeuner de neuf heures et demie. Néanmoins, on voit bien de quoi il s'agit.

---

9. **To consist of** : *consister en, se composer de, comprendre* ; ⚠ **to consist in** (+ v. en **-ing**) : *consister à, avoir pour but.*
10. **Stern** : *sévère, dur, rigoureux ; à l'air sérieux.*
11. **Middle-aged** : *d'âge moyen, entre deux âges ;* adj. composé de deux noms reliés par -, avec finale en **-ed** sur le 2ᵉ n. **The Middle-Ages** : *le Moyen Âge.*
12. **Estimate** ['estɪmɪt] : *estimation ; devis ; appréciation.*
13. **Pippin** : *pomme reinette ;* **she was a pippin** : *elle était jolie comme un cœur.*
14. **Shortish** : pour la finale **-ish** de l'adj. marquant une approximation, voir n. 9, p. 87.
15. **High-heeled shoes** : *souliers à talons hauts ;* ≠ **flat-heeled sandals** : *sandales à talons plats.* Cf. n. 11 plus haut.
16. **As much as you can do to** : m. à m. *« autant qu'on peut faire pour ».*

"Well," said the woman, "you don't know who I am, I'll be bound[1]. I'm Laura's sister Connie. This is Claude, my husband. And this is my daughter Julia. Is Laura in[2]?"

"I regret to say, no[3]," said Lord Ickenham.

The woman was looking at him as if he didn't come up to her specifications.

"I thought you were younger," she said.

"Younger than what?" said Lord Ickenham.

"Younger than you are."

"You can't be[4] younger than you are, worse luck[5]," said Lord Ickenham. "Still, one does one's best[6], and I am bound to say[7] that of recent years[8] I have made a pretty good go of it[9]."

The woman caught sight of Pongo, and he didn't seem to please her, either.

"Who's that?"

"The local vet, clustering round[10] my parrot."

"I can't talk in front of him."

"It is quite all right," Lord Ickenham assured her. "The poor fellow is stone deaf[11]."

And with an imperious[12] gesture[13] at Pongo, as much as to bid him stare less[14] at girls and more at parrots, he got the company seated.

"Now, then," he said.

There was silence for a moment, then a sort of muffled sob, which Pongo thinks proceeded from the girl.

---

1. **I'll be bound** : *j'en suis sûr, je (le) parierais* ; **bound** est le p. p. de **to bind** : *lier, attacher.*
2. **To be in** : *être là* ; = **to be (at) home** : *être à la maison* ; ≠ **to be out** : *être sorti.* **To be away** : *être absent, en voyage.*
3. **I regret to say, no** : style noble, voire pompeux ; préférer : **I'm afraid not.**
4. **You can't be** : la 2ᵉ pers. du pl., incluant tous ceux à qui on s'adresse et qui doivent ou peuvent se sentir concernés, prend le sens général de **on.**
5. **Worse luck** : m. à m. « *pire malheur* », d'où *manque de chance, pas de chance, malheureusement, par malheur.*
6. **One does one's best** : ici, le pr. impersonnel **one** confère de la solennité à l'énoncé. Noter l'adj. possessif **one's** formé comme un cas possessif ; très utile pour donner les formes impersonnelles du v. ; par ex. : **lose one's mind** : *perdre la tête* ; **bear one's burden** : *porter son fardeau.*

« Eh bien, vous ne me connaissez pas », dit la femme, « j'en suis certaine. Je suis Connie, la sœur de Laura, et voici Claude, mon mari, et ma fille Julia. Laura est-elle là ? »

« J'ai le regret de vous dire que non », répondit lord Ickenham.

La femme le regardait comme s'il ne correspondait pas au descriptif.

« Je pensais que vous étiez plus jeune », dit-elle.

« Plus jeune que quoi ? » demanda lord Ickenham.

« Plus jeune que vous n'êtes. »

« On ne peut pas être plus jeune que l'on n'est, par malheur », dit lord Ickenham. « Cependant, on fait de son mieux, et je suis tenu de dire que ces dernières années, je ne m'en suis pas mal sorti. »

La femme aperçut Pongo, qui, lui non plus, ne semblait guère lui plaire.

« Qui est-ce ? »

« Le vétérinaire du coin, il est venu pour mon perroquet. »

« Je ne peux pas parler en sa présence. »

« Aucun problème », affirma lord Ickenham, « le pauvre garçon est sourd comme un pot. »

Et d'un geste autoritaire, il enjoignit à Pongo de s'occuper davantage des perroquets et moins des jeunes filles ; puis il fit asseoir tout le monde.

« Je vous écoute », dit-il.

Il y eu un instant de silence, puis des sanglots étouffés, dont Pongo supposa qu'ils venaient de la jeune fille.

---

7. **I am bound to say :** *je dois à la vérité de dire ;* (voir n. 18, p. 51) ; ne pas confondre avec **bound** de la n. 1 ; se dit habituellement d'un navire : **bound for Plymouth** : *en partance pour Plymouth.*
8. **Of recent years :** style recherché, calqué sur **of old :** *jadis, autrefois, depuis toujours ;* préférer **these last (few) years.**
9. **To make a good go of it :** *faire une bonne tentative, réussir.*
10. **To cluster (round) :** *se grouper, se rassembler, s'agglutiner.*
11. **Stone deaf** [def] : m. à m. *« sourd comme une pierre ».*
12. **Imperious** [ɪmˈpiːərɪəs] : *impérieux.*
13. **Gesture** [ˈdʒestʃə] : *geste, signe, mouvement.*
14. **As much as to bid him stare less at :** m. à m. *« autant pour lui intimer de moins fixer »… ;* **to bid :** *dire, faire une offre, une enchère, enchérir ; ordonner, intimer, enjoindre.* **To bid farewell :** *faire ses adieux ;* **to bid goodbye :** *souhaiter bon voyage.*

He couldn't see, of course, because his back was turned and he was looking at the parrot, which looked back at him – most offensively[1], he says, as parrots will[2], using one eye only for the purpose[3]. It also asked him to have a nut.

The woman came into action again[4].

"Although," she said, "Laura never did me the honour to invite me to her wedding, for which reason I have not communicated with her for five years, necessity compels me to cross her threshold today. There comes a time when differences must be forgotten and relatives must stand shoulder to shoulder[5]."

"I see what you mean," said Lord Ickenham. "Like the boys of the old brigade[6]."

"What I say is, let bygones be bygones[7]. I would not have intruded on[8] you, but needs must[9]. I disregard[10] the past and appeal to your sense of pity."

The thing began to look to Pongo like a touch[11], and he is convinced that the parrot thought so, for it winked and cleared its throat. But they were both wrong. The woman went on.

"I want you and Laura to take Julia into your home for a week or so[12], until I can make other arrangements for her. Julia is studying the piano, and she sits for[13] her examination in two weeks' time[14], so until then she must remain in London. The trouble is, she has fallen in love. Or thinks she has."

---

1. **Offensive** : *offensant, blessant ; choquant, malsonnant ; insultant, injurieux, grossier ; nauséabond, déplaisant.*
2. **As parrots will** : *comme font les perroquets, comme c'est l'usage des perroquets ;* le futur sert à énoncer des lois universelles. Autre ex. : **boys will be boys** : *les garçons sont comme ils sont* (il ne faut pas s'étonner de leur conduite).
3. **Purpose** : *propos, dessein ; projet, fin, but, intention.*
4. **To come into action again** : m. à m. « *se remettre en marche, en action, en activité* ».
5. **There comes a time when differences must be forgotten and relatives must stand shoulder to shoulder** : m. à m. « *il vient un temps où les différends doivent s'oublier et où les proches parents doivent s'épauler* ».
6. **Like the boys of the old brigade** : la charge de la brigade légère pendant la guerre de Crimée est un classique de la tradition héroïque et du sacrifice d'une jeunesse pleine de bravoure, qui va à une mort inutile à cause de la stupide gloriole de ses chefs.

Il ne voyait rien, bien sûr, car il leur tournait le dos et regardait le perroquet, qui à son tour le fixait, d'une façon impertinente, d'après lui, comme savent le faire les perroquets, n'utilisant, à cet effet, qu'un seul œil. L'animal réclama aussi une noix.

La femme revint à la charge.

« Quoique », dit-elle, « Laura ne m'ait jamais fait l'honneur de m'inviter à son mariage, raison pour laquelle j'ai rompu toute relation avec elle depuis cinq ans, un cas de force majeure me contraint aujourd'hui à franchir le seuil de sa porte. Il vient un moment où la famille doit s'unir et oublier ses différends pour se tenir les coudes. »

« Je vois ce que vous voulez dire », dit lord Ickenham, « comme la vieille garde. »

« Ce que je veux dire, c'est qu'il faut oublier le passé. Je ne vous aurais pas dérangé, mais nécessité fait loi. Je fais abstraction du passé et j'en appelle à votre compassion. »

Pour Pongo, cela tournait à une séance d'emprunt d'argent ; il reste convaincu que le perroquet était de cet avis, vu qu'il cligna de l'œil en s'éclaircissant la voix. Mais ils se trompaient tous les deux. La femme poursuivit :

« Je voudrais que Laura et vous preniez Julia chez vous pour environ une semaine, le temps que je prenne de nouvelles dispositions à son sujet. Julia étudie le piano et passe un examen dans deux semaines et, jusque-là, elle doit rester à Londres. L'ennui, c'est qu'elle est tombée amoureuse. Ou croit l'être. »

---

7. **Let bygones be bygones :** proverbe : *que les choses du passé restent du passé.* **Bygones :** *le passé ;* **bygone** (adj.) : *(du) passé, révolu.*

8. **To intrude (upon) :** *s'imposer, faire intrusion, s'introduire auprès de qqn en force, sans y être invité.*

9. **Needs :** (adv.) *ne se trouve qu'avec* **must ; needs must :** *force est de, il faut bien, nécessité fait loi ;* **if needs :** *s'il le faut.*

10. **To disregard :** *ne pas tenir compte de, faire abstraction de ; négliger, ne pas se soucier de, s'inquiéter de.*

11. **A touch :** *emprunt d'argent ;* **to touch :** *taper de l'argent à qqn.* **An easy touch :** *qqn qui se laisse taper facilement.*

12. **Or so :** (après le n.) *environ, à peu près, dans les...*

13. **To sit for (an exam) :** *passer (un examen) ; réussir (à un examen) :* **to pass an exam ;** *échouer à un examen :* **to fail an exam.**

14. **Two weeks' time :** *expression de la durée calquée sur le cas possessif.*

"I know I have," said Julia.

Her voice was so attractive that Pongo was compelled to slew [1] round and take another look at her. Her eyes, he says, were shining like twin stars and there was a sort of Soul's Awakening [2] expression on her face, and what the dickens there was in a pink chap like the pink chap, who even as pink chaps go [3] wasn't much of [4] a pink chap, to make her look like that, was frankly, Pongo says, more than he could understand. The thing baffled him. He sought in vain for a solution.

"Yesterday, Claude and I arrived in London from our Bexhill home to give Julia a pleasant surprise. We stayed, naturally, in the boarding-house where she has been living for the past six weeks. And what do you think we discovered?"

"Insects [5]."

"Not insects. A letter. From a young man. I found to my horror [6] that a young man of whom I knew nothing was arranging to marry my daughter. I sent for him immediately, and found him to be quite impossible [7]. He jellies eels!"

"Does what?"

"He is an assistant at a jellied eel [8] shop."

"But surely," said Lord Ickenham," that speaks well for him. The capacity to jelly an eel seems to me to argue [9] intelligence of a high order. It isn't everybody who can do it, by any means. I know if someone came to me and said 'Jelly this eel!' I should be nonplussed [10]. And so, or I am very much mistaken, would Ramsay MacDonald [11] and Winston Churchill [12]."

---

1. **To slew** : *pivoter, virer, tourner, faire un tête-à-queue.*
2. **Soul's Awakening** : m. à m. « *éveil de l'âme* », *révélation.*
3. **As pink chaps go** : m. à m. « *comme vont les types en rose* » ; *à l'aune des types en rose ; en matière de types de rose.*
4. **Wasn't much of...** : *n'avait rien, pas grand-chose de...*
5. **Insects** : toutes les petites bêtes qui volent ou qui rampent en faisant du bruit sont insupportables aux Britanniques, et plus encore aux Américains (P.G.W. vit depuis longtemps aux États-Unis).
6. **To my horror** : m. à m. « *à mon horreur* » ; **to my surprise** : *à ma (grande) surprise* ; **to my discomfort** : *à mon (vif) déplaisir.*
7. **Impossible** : *impossible ; insupportable, ridicule, absurde.*
8. **Jellied eel** : *gelée d'anguille* ; spécialité de hors-d'œuvre.
9. **To argue** [ˈɑːˈgjuː] : *prouver, démontrer, arguer, contester.*

« Je sais bien que je le suis ! » dit Julia.

Sa voix était si attirante que Pongo se vit contraint de se retourner, pour la regarder à nouveau. Ses yeux, dit-il, brillaient comme deux étoiles, et une expression de béatitude baignait son visage ; et ce qui pouvait bien chez un garçon rose comme ce garçon rose, qui en tant que tel n'était même pas terrible, faire qu'elle eût une telle expression sur le visage, dépassait franchement, de son propre aveu, l'entendement de Pongo. La chose le déconcertait et il cherchait en vain une réponse.

« Hier, Claude et moi sommes arrivés de Bexhill où nous habitons, à Londres, pour faire une surprise à Julia. Nous sommes naturellement descendus à la pension où elle vit depuis six semaines. Et savez-vous ce que nous y avons découvert ? »

« Des punaises ? »

« Non pas des punaises, une lettre, une lettre d'un jeune homme. J'ai été horrifiée de découvrir qu'un jeune homme dont je ne savais rien se disposait à épouser ma fille. Je l'ai immédiatement convoqué, pour découvrir qu'il n'est pas fréquentable. Il fait de la gelée d'anguille ! »

« Que fait-il ? »

« Il est commis chez un frabricant de gelée d'anguille. »

« Mais », dit lord Ickenham, « cela parle assurément en sa faveur. La capacité à faire de la gelée d'anguille me semble témoigner d'une intelligence supérieure. Tout le monde n'est pas capable, il s'en faut, d'en faire. Je sais bien que si quelqu'un venait à moi et me disait : ''Fais de la gelée avec cette anguille !'', je serais pris de court. Comme le seraient, d'ailleurs, à moins que je ne me trompe fort, Ramsay MacDonald et Winston Churchill. »

---

10. **Nonplussed** : *interloqué, pris de court.*
11. **Ramsay MacDonald** (1866-1937) : homme politique britannique, a participé à la création du parti travailliste (1900) ; pacifiste, il œuvra pour la paix et la réconciliation en Europe. Premier ministre en 1924 puis de 1929 à 1934.
12. **Winston Churchill** (1874-1965) : homme politique anglais qui connut des éclipses au cours de sa longue vie publique, mais parvint au sommet lors de la Seconde Guerre mondiale. Sa pugnacité et son éloquence galvanisèrent la Grande-Bretagne demeurée seule en guerre contre l'Allemagne nazie après la capitulation française et avant l'entrée en guerre des États-Unis (1941) puis de l'URSS (1942). Il participa à la conférence de Yalta où les vainqueurs définirent des zones d'influence qui subsistent à peu près aujourd'hui.

The woman did not seem to see eye to eye[1].

"Tchah!" she said. "What do you suppose my husband's brother Charlie Parker would say if I allowed his niece to marry a man who jellies eels?"

"Ah!" said Claude, who, before we go any further, was a tall, drooping[2] bird with a red soup-strainer moustache[3].

"Or my husband's brother, Henry Parker."

"Ah!" said Claude. "Or Cousin Alf[4] Robbins, for that matter."

"Exactly. Cousin Alfred would die of shame."

The girl Julia hiccoughed[5] passionately, so much so that Pongo says it was all he could do to stop himself nipping[6] across and taking her hand in his and patting[7] it.

"I've told you a hundred times[8], Mother, that Wilberforce is only jellying eels till he finds something better."

"What is better than an eel?" asked Lord Ickenham, who had been following this discussion with the close[9] attention it deserved. "For jellying purposes[10], I mean."

"He is ambitious. It won't be long," said the girl, "before Wilberforce suddenly rises in the world[11]."

She never spoke a truer word[12]. At this very moment, up he came from behind the settee like a leaping salmon[13].

"Julia!" he cried.

"Wilby!" yipped[14] the girl.

---

1. **To see eye to eye** : *juger de la même manière* ; cf. n. 6, p. 20.
2. **Drooping** : *pendant, tombant ; baissé, penché ; languissant, abattu.* De **to droop** : *se pencher, s'incliner* (tête) ; *s'abaisser, pendre ; languir, s'alanguir.*
3. **Moustache** : [məsˈtɑːʃ].
4. **Cousin Alf, Uncle Fred** : le degré de parenté est introduit sans article, alors qu'il faut l'article défini en fr.
5. **Hiccoughed** : [ˈhɪkʌpt].
6. **Nipping** : △ **to nip**, ici (fam.) : *foncer, filer, se hâter* ; à ne pas confondre avec **to nip** : *pincer* ; **to nip in the bud** : « *couper dans le bourgeon* » = *écraser dans l'œuf, faire avorter.*
7. **To pat** : *tapoter, taper* (affectueusement) ; *caresser* ; **pat on the back** : *encouragement* (m. à m. « *tape dans le dos* »).
8. **A hundred times** : *cent fois.* **Seven times eleven is (equals) seventy seven** : *sept fois onze égale soixante-dix-sept* ; **force**

La femme ne semblait pas partager ces vues.

« Fi ! Que pensez-vous, dit-elle, que Charlie Parker, frère de mon époux, dirait si j'accordais sa nièce en mariage à un homme qui fait de la gelée d'anguille ? »

« Ah ! » fit Claude qui, avant de poursuivre, était une sorte d'échalas voûté doté d'une moustache rousse en forme de passoire à soupe.

« Ou encore Henry Parker, autre frère de mon époux. »

« Ah ! » dit Claude. « Ou bien même le cousin Alf Robbins, tant qu'on y est. »

« Parfaitement. Le cousin Alfred en mourrait de honte. »

Quant à Julia, elle hoquetait avec passion, à tel point que Pongo prétend qu'il eut du mal à s'empêcher de se précipiter vers elle pour prendre ses mains dans les siennes et les caresser.

« Je t'ai dit cent fois, maman, que Wilberforce fait de la gelée d'anguille en attendant de trouver mieux. »

« Qu'y a-t-il de mieux qu'une anguille ? » demanda lord Ickenham qui suivait la discussion avec toute l'attention qu'elle méritait. « En tout cas pour faire de la gelée d'anguille. »

« Il est ambitieux. Avant longtemps, Wilberforce s'élèvera brusquement dans le monde. »

Elle ne croyait pas si bien dire, car à ce moment précis, celui-ci jaillit, tel un saumon franchissant d'un bond un barrage, de derrière le canapé.

« Julia ! » cria-t-il.

« Wilby ! » lança la jeune fille comme un « Youpie ! ».

---

equals mass times acceleration : *la force égale la masse (multipliée) par l'accélération.*

9. **Close** : (adj.) *clos, fermé ; rapproché, de près ;* **close combat** : *combat au corps à corps ;* **close attention** : *attention soutenue.*

10. **For jellying purposes** : m. à m. *« à des fins gélifiantes » ;* cf. **for this/that purpose** : *dans ce but, à cette fin ;* **for future purposes** : *pour des besoins futurs ;* **for (all) practical purposes** : *à des (toutes) fins utiles, pratiques.*

11. **To rise in the world (in life)** : m. à m. *« s'élever dans le monde »,* faire son chemin, réussir, parvenir.

12. **She never spoke a truer word** : m. à m. *« elle ne prononça jamais un mot plus vrai ».*

13. **Salmon** : ['sæmn].

14. **To yip** : création verbale de P.G. Wodehouse sur la pseudo-racine de l'interjection **yippee!** : *youpi !*

And Pongo says he never saw anything more sickening[1] in his life than the way she flung herself[2] into the blighter's arms and clung there like the ivy on the old garden wall. It wasn't that he had anything specific against the pink chap, but this girl had made a deep impression on him and he resented her glueing herself to[3] another in this manner.

Julia's mother, after just that brief moment which a woman needs in which to recover from[4] her natural surprise at[5] seeing eel-jelliers[6] pop up[7] from behind sofas, got moving and plucked her away[8] like a referee[9] breaking a couple of welter-weights.

"Julia Parker," she said, "I'm ashamed of you!"

"So am I," said Claude.

"I blush for you."

"Me, too", said Claude. "Hugging[10] and kissing a man who called your father a perishing old bottle-nosed Gawd-help-us[11]."

"I think," said Lord Ickenham, shoving his oar in[12], "that before proceeding any further we ought to go into that point. If he called you a perishing old bottle-nosed Gawd-help-us, it seems to me that the first thing to do is to decide whether[13] he was right, and frankly, in my opinion..."

"Wilberforce will apologize."

"Certainly I'll apologize. It isn't fair to hold[14] a remark passed in the heat of the moment against a chap..."

---

1. **Sickening** : *repoussant, écœurant, révoltant, dégoûtant* ; **to sicken** : 1) (v. tr.) *rendre malade, soulever le cœur, révolter* ; 2) (v. intr.) *tomber malade*.
2. **To fling (oneself)** : *(se) jeter, (se) lancer.* Pour obtenir la forme pronominale d'un verbe, ajouter le pr. réfléchi correspondant à la personne voulue (à la forme impersonnelle **oneself** *se, soi*). Ex. (cf. n. 3) : **"her glueing herself to another".**
3. **He resented her glueing herself to** : m. à m. « *il s'irritait de ce qu'elle se colle* » ; la forme en **-ing** s'impose après **resent** : *s'irriter de, prendre mal.* **Glue** : *colle (forte).*
4. **To recover from** : *guérir de, se remettre de.*
5. **Surprise at** : on retrouve **at** avec des noms, dans **delight at** : *plaisir à,* et des verbes : **to smile at** : *sourire à* ; **to wave at sb** : *faire des gestes amicaux à qqn,* etc.

122

Pongo prétend que, de toute sa vie, il ne vit jamais rien de plus répugnant que la façon dont elle se précipita dans les bras du type, s'y accrochant comme le lierre sur le vieux mur du jardin. Ce n'est pas qu'il eût quelque chose de particulier contre le type tout rose, mais cette jeune fille lui avait fait une forte impression, et il lui en voulait de se coller à un autre de cette façon.

La mère de Julia, passé le moment dont toute femme a besoin pour se remettre de la surprise d'avoir vu des fabricants de gelée d'anguille jaillir de derrière des canapés, se dirigea vers eux et les sépara comme un arbitre sépare deux boxeurs mi-moyens.

« Julia Parker », dit-elle, « j'ai honte de toi. »

« Moi aussi », dit Claude.

« Je rougis pour toi. »

« Moi aussi », dit Claude. « Étreindre et embrasser un homme qui a traité ton père de vieux croûton et j'en passe ! »

« Je pense », dit lord Ickenham, s'immisçant dans la conversation, « qu'avant d'aller plus loin, nous devons éclaircir ce point. S'il vous a traité de vieux croûton et j'en passe, il me semble que la première chose à faire est de décider s'il avait raison ou non, et franchement, à mon avis... »

« Wilberforce présentera ses excuses. »

« Bien sûr que je vais faire mes excuses. Ce n'est pas très juste de porter au passif de quelqu'un quelque chose qui a été dit dans le feu de la conversation... »

---

6. **Eel-jelliers :** *geleurs d'anguilles ;* invention comique : il n'existe pas une telle catégorie.
7. **To pop up :** *surgir, (ap)paraître sans crier gare, par surprise.*
8. **To pluck away :** *arracher, plumer, séparer brutalement.*
9. **Referee** [ˈrefəˈriː] : 1) *arbitre* (syn. **umpire**) ; 2) *référence* (personne qu'on cite en référence pour une recommandation favorable, par ex. dans une lettre de candidature).
10. **To hug :** *prendre dans ses bras, enlacer, embrasser.*
11. **Gawd-help-us :** m. à m. *« Dieu nous aide » ;* **gawd** [ɡɔːd] est un euph. pour **God.**
12. **Shoving his oar in :** m. à m. *« jetant son aviron dans ».*
13. **To decide whether :** s'il y a deux solutions ou réponses possibles, on emploie **whether, if** s'il y en a plus.
14. **To hold against :** m. à m. *« retenir contre ».*

"Mr Robinson," said the woman, "you know perfectly well that whatever remarks you may have seen fit to pass don't matter one way or the other. If you were listening to what I was saying you will understand..."

"Oh, I know, I know. Uncle Charlie Parker and Uncle Henry Parker and Cousin Alf Robbins and all that. Pack [1] of snobs [2]!"

"What!"

"Haughty, stuck-up [3] snobs. Them and [4] their class distinction [5]. Think themselves [6] everybody just because they've got money. I'd like to know how they got it."

"What do you mean by that?"

"Never mind what I mean."

"If you are insinuating – "

"Well, of course, you know, Connie," said Lord Ickenham mildly, "he's quite right. You can't get away from that."

I don't know if you have ever seen a bull-terrier [7] embarking on a scrap [8] with an Airedale and just as it was getting down nicely to its work [9] suddenly having an unexpected Kerry Blue sneak up behind it and bite it in the rear quarters [10]. When this happens, it lets go of the Airedale and swivels round and fixes the butting-in [11] animal with a pretty nasty eye. It was exactly the same with the woman Connie when Lord Ickenham spoke these words.

"What!"

"I was only wondering if you had forgotten how Charlie Parker made his pile [12]."

---

1. **Pack** : 1) *paquet, ballot* ; toute espèce de bagage(s) ; (fam.) *tas* ; **pack of lies** : *tas de mensonges* ; **pack of nonsense** : *tas d'inepties* ; 2) *bande, meute* ; **pack of wolves** : *troupe de loups* ; 3) *paquet jeu (de cartes)*.
2. **Snobs** : à l'origine, les gens qui affichaient leur absence de titre nobiliaire tout en affirmant leurs mérites. A pris le sens moderne au XIXᵉ siècle.
3. **Stuck-up** : *poseur, prétentieux, gourmé* ; du v. **to stick up** : 1) *dresser* ; US, fam. : *attaquer à main armée* (syn. **to hold up**) ; 2) *se dresser, se tenir droit, raide*.
4. **Them and** : *eux et* ; tournure vulgaire : on ne devrait pas avoir le pr. personnel complément.
5. **Class distinction** : m. à m. « *distinction de classe* » (sociale).
6. **Think themselves** : à peu près équivalent de *y s'croient*.

« M. Robinson », dit la femme, « vous savez très bien que quelles que soient les paroles que vous avez cru bon de proférer, elles n'ont aucune espèce d'importance. Si vous écoutiez ce que je dis, vous comprendriez... »

« Oh, je sais, l'oncle Charlie Parker, et l'oncle Henry Parker et le cousin Alf Robbins, et tous les autres. Un tas de snobs. »

« Quoi ? »

« Des snobs guindés et hautains. Eux et leur esprit de caste. Ils se croient quelqu'un simplement parce qu'ils ont de l'argent. J'aimerais bien savoir comment ils l'ont gagné. »

« Qu'est-ce que vous voulez dire par là ? »

« Peu importe ce que je veux dire par là. »

« Si vous insinuez... »

« Et bien sûr, vous savez, Connie », dit lord Ickenham avec douceur, « il a raison, il n'y a pas à sortir de là. »

Je ne sais pas si vous avez déjà vu un bull-terrier s'embarquer dans une bagarre avec un airedale, et juste au moment où il commence à prendre un très net avantage, se retrouver avec un kerry blue tout à fait inattendu, surgi sournoisement derrière lui pour lui mordre l'arrière-train. Eh bien quand cela arrive, le bull-terrier laisse filer l'airedale, se retourne d'un coup, et fixe l'intrus d'un drôle de sale œil. Ce fut exactement la même chose qui se produisit avec Connie quand lord Ickenham prononça ces mots.

« Quoi ! »

« Je me demandais simplement si vous aviez oublié comment Charlie Parker avait fait sa pelote. »

---

7. **Bull-terrier, Airedale, Kerry Blue** : chiens de race ; les deux premiers sont anglais, le 3e est irlandais. Tous trois sont réputés tenaces, les deux derniers sont bons chasseurs.

8. **Scrap** : (fam.) *querelle, bagarre, rixe ; match (boxe) ; échauffourée (militaire).* **To embark on a scrap** : *s'embarquer dans, commencer une bagarre.* **To have a scrap** : *se bagarrer.*

9. **To get down (nicely) to work** : (fam.) *se mettre au boulot, s'y coller, s'y mettre (en douceur, gentiment).*

10. **Rear quarters** : m. à m. *« quartiers arrière, de derrière ».*

11. **To butt in** : *se mêler à une conversation sans y être invité.* **To butt** : *donner de la tête, du front ; donner un coup de corne.*

12. **Pile** : *tas, monceau, pile, empilement, etc. ; (fam.) magot ;* **to make one's pile** (fam. et désuet) : *s'enrichir, faire fortune.*

"What are you talking about?"

"I know it is painful," said Lord Ickenham, "and one doesn't mention it as a rule, but, as we are on the subject, you must admit that lending money at two hundred and fifty per cent interest[1] is not done in the best circles[2]. The judge, if you remember, said so[3] at the trial[4]."

"I never knew that!" cried the girl Julia.

"Ah," said Lord Ickenham. "You kept it from[5] the child? Quite right, quite right."

"It's a lie!"

"And when Henry Parker had all that fuss[6] with the bank it was touch and go[7] they didn't send him to prison. Between ourselves, Connie, has a bank official[8], even a brother of your husband, any right to sneak fifty pounds from the till[9] in order to put it on a hundred to one shot for the Grand National[10]? Not quite playing the game[11], Connie: Not the straight bat[12]. Henry, I grant you, won five thousand of the best[13] and never looked back afterwards, but, though we applaud his judgement of form, we must surely look askance[14] at his financial methods. As for Cousin Alf Robbins..."

The woman was making rummy stuttering[15] sounds. Pongo tells me he once had a Pommery Seven which used to express itself in much the same way if you tried to get it to take a hill on high. A sort of mixture of gurgles and explosions.

---

1. **At two hundred and fifty per cent interest :** noter que les nombres et le pourcentage sont en apposition ; on écrirait dans une présentation comptable : **a 250% interest.**
2. **In the best circles :** m. à m. « *dans les meilleurs cercles* » ; autres expressions : **family circle :** *le milieu familial* ; **in certain circles :** *dans certains milieux* ; **higher circles :** *la haute société, le grand monde.*
3. **Said so :** m. à m. « *dit ainsi* ».
4. **Trial** ['traɪəl] : *jugement, procès, cause ; épreuve, essai* ; **on trial :** *à l'épreuve, à l'essai* ; **to proceed by trial and error :** *procéder par tâtonnements, utiliser la méthode heuristique.*
5. **To keep sth from sb :** *cacher qqch. à qqn.*
6. **Fuss :** *confusion, embarras* ; **to make fuss :** *faire des chichis, des manières.*
7. **It was touch and go that :** *on était à deux doigts de ; il était*

126

« Qu'est-ce que vous racontez ? »

« Je sais que c'est pénible », dit lord Ickenham, « et que l'on évite d'en parler en règle générale, mais puisque nous abordons le sujet, vous admettrez que prêter de l'argent à un intérêt de deux cent cinquante pour cent ne se fait pas dans la bonne société. C'est, si vous vous en souvenez, ce qu'a dit le juge au procès. »

« Je ne l'ai jamais su ! » s'écria Julia.

« Ah, » fit lord Ickenham, « ainsi, vous l'avez caché à la petite ? Vous avez bien fait, oui vraiment. »

« C'est un mensonge ! »

« Et aussi quand Henry Parker a eu tous ces ennuis avec la banque, c'est un vrai miracle qu'ils ne l'aient pas fait jeter en prison. Entre nous, Connie, est-ce qu'un employé de banque, même s'il est le frère de votre mari, a le droit de filouter cinquante livres dans la caisse pour les placer sur un coup à cent contre un sur un cheval au grand prix ? Ce n'est pas très régulier, n'est-ce pas, Connie ? Je vous l'accorde, il a gagné cinq mille livres, et ensuite il n'a plus jamais regardé en arrière ; mais quelle que soit notre admiration pour son jugement hippique, nous nous devons d'être plus réservés quant à ses méthodes financières. Quant au cousin Alf Robbins... »

La femme émettait d'étranges borborygmes. Pongo m'avoua qu'il avait possédé autrefois une 7 CV Pommery qui s'exprimait d'une manière tout à fait comparable chaque fois que vous tentiez de lui faire franchir une côte en prise directe : un mélange de gargouillis et d'explosions.

---

moins une que ; on a frôlé la correctionnelle pour ; figure d'aviation : atterrissage suivi d'un redécollage immédiat.

8. **Official** [ə'fiʃəl] : 1) *fonctionnaire, officier* (titulaire d'un **office**) ; 2) *employé, agent, représentant.*

9. **To sneak from the till :** *voler dans la caisse.*

10. **Grand National :** grand prix hippique ; celui de Liverpool figure parmi les plus courus, et fait l'objet de paris élevés.

11. **To play the game :** *jouer le jeu, jouer cartes sur table.*

12. **A straight bat :** (syn. de la n. 11), (au cricket, jeu qui a donné le **fair-play**) *un coup selon l'art, dans les règles ; un coup régulier.*

13. **Five thousand of the best :** m. à m. *« cinq mille des meilleurs » ;* pas de **s** à l'adj. numéral **five thousand.**

14. **Look askance :** *regarder de travers.*

15. **Stutter :** *bégayer, bafouiller, bredouiller.*

"There is not a word of truth in this," she gasped at length, having managed to get the vocal chords disentangled[1]. "Not a single word. I think you must have gone mad[2]."

Lord Ickenham shrugged his shoulders.

"Have it your own way, Connie. I was only going to say that, while the jury were[3] probably compelled[4] on the evidence[5] submitted to them to give Cousin Alf Robbins the benefit[6] of the doubt when charged with smuggling[7] dope[8], everybody knew that he had been doing it for years. I am not blaming him, mind you. If a man can smuggle cocaine and get away with it, good luck to him, say I. The only point I am trying to make[9] is that we are hardly a family that can afford to put on dog[10] and sneer at[11] honest suitors[12] for our daughters' hands. Speaking for myself, I consider that we are very lucky to have the chance of marrying even into eel-jellying circles[13]."

"So do I[14]," said Julia firmly.

"You don't believe what this man is saying?"

"I believe every word."

"So do I," said the pink chap

The woman snorted[15]. She seemed over-wrought[16].

"Well," she said, "goodness knows I have never liked Laura, but I would never have wished her a husband like you!"

"Husband?" said Lord Ickenham, puzzled. "What gives you the impression that Laura and I[17] are married?"

---

1. **To disentangle** : *démêler, dépêtrer, débrouiller, dénouer* ; **tangle** : *fouillis, enchevêtrement* ; (circulation) *embouteillage*.
2. **To go mad** : m. à m. *« tourner fou »*, d'où *être pris de folie*.
3. **The jury were** : *les membres du jury*, d'où le pl. du v.
4. **Compelled** : *obligé, contraint*.
5. **Evidence** : 1) *évidence, signe ; preuve(s)* ; 2) (juridique) *preuves testimoniales*, (ensemble de) *témoignage(s) ; témoins*.
6. **Benefit** : *bénéfice* (moral), à ne pas confondre avec **profit** : *bénéfice, profit* (matériel ou financier).
7. **To smuggle** : *faire passer en fraude à la douane, faire la contrebande de*.
8. **Dope** : fam. pour toute *drogue : narcotique, stupéfiant*.

128

« Il n'y a pas un mot de vrai dans tout cela », souffla-t-elle avec fureur lorsqu'elle eut réussi à se démêler les cordes vocales. « Pas un traître mot de vrai. Je crois que vous êtes devenu complètement fou. »

Lord Ickenham haussa les épaules.

« Prenez-le comme vous voulez, Connie. J'étais sur le point de dire que, bien que les jurés eussent certainement cru devoir, en raison des témoignages qui leur furent soumis, accorder le bénéfice du doute au cousin Alf Robbins quand il fut accusé de trafic de stupéfiants, tout le monde savait qu'il le faisait depuis des années. Je ne l'en blâme pas, d'ailleurs. Si quelqu'un est capable d'importer de la cocaïne en fraude sans se faire prendre, je dis que c'est tant mieux pour lui. Ce que je m'efforce de faire comprendre, c'est que nous sommes une famille qui ne peut guère se permettre de la ramener ou de mépriser d'honnêtes prétendants à la main de nos filles. Pour ma part, je trouve que nous sommes déjà bien heureux de pouvoir les marier ne serait-ce que chez les fabricants de gelée d'anguille. »

« Je suis bien de cet avis », affirma Julia.

« Tu ne crois tout de même pas ce que dit cet homme ? »

« Je crois chacune de ses paroles. »

« Moi aussi », dit l'homme tout rose.

La femme écumait. Elle paraissait à bout de nerfs.

« Eh bien, Dieu sait », dit-elle, « que je n'ai jamais beaucoup aimé Laura, mais je ne lui aurais jamais souhaité un époux tel que vous ! »

« Un époux ? » dit lord Ickenham, intrigué. « Qu'est-ce qui vous donne l'impression que Laura et moi sommes mariés ? »

---

9. **The only point I am trying to make** : m. à m. *« le seul point que je cherche à établir »*.

10. **To put on dog** : (fam. US) *poser, faire de l'épate, frimer.*

11. **To sneer at** : *adresser ses sarcasmes à, railler.*

12. **Suitor** ['sjuːtə^r] : 1) *plaideur* ; 2) *soupirant, prétendant.* **Suit** : *procès, poursuites ; requête ; ensemble, costume, tailleur,* (cartes) *couleur, séquence.*

13. **Marrying into eel-jellying circles** : cf. n. 2, p. 126.

14. **So do I** : m. à m. *« ainsi fais-je, moi aussi, moi de même ».*

15. **To snort** : *renâcler, s'ébrouer* (cheval), *renifler fortement.*

16. **Over(-)wrought** : *excédé, surmené ; surexcité.*

17. **Laura and I** : la fonction exige le pr. personnel sujet.

There was a weighty silence, during which the parrot threw out a general invitation to join it [1] in a nut. Then the girl Julia spoke.

"You'll have to let me marry Wilberforce now," she said. "He knows too much about us."

"I was rather thinking that myself," said Lord Ickenham. "Seal his lips [2], I say."

"You wouldn't mind [3] marrying into [4] a low family [5], would you, darling?" asked the girl, with a touch of anxiety.

"No family could be too low for me, dearest [6], if it was [7] yours," said the pink chap.

"After all, we needn't see [8] them."

"That's right."

"It isn't relations that matter: it's oneselves [9]."

"That's right, too."

"Wilby!"

"Julia!"

They repeated the old ivy on the garden wall act. Pongo says he didn't like it any better than the first time, but his distaste wasn't in it with the woman Connie's [10].

"And what, may I ask," she said, "do you propose to marry on? [11]"

This seemed to cast a damper. They came apart. They looked at each other. The girl looked at the pink chap, and the pink chap looked at the girl. You could see that a jarring note had been struck [12].

---

1. **To join it :** cf. **join us in a drink :** *prenez un verre avec nous.*
2. **To seal his lips :** m. à m. « *sceller ses lèvres* ».
3. **You wouldn't mind..., would you... ? :** le conditionnel est moins ferme que le présent : **you don't mind marrying me ?** indiquerait une quasi-certitude, or la jeune fille n'est pas très sûre de la réponse. Autre ex.: **you wouldn't mind my smoking, would you?** *(cela vous dérangerait-il si je fume ?...)* est une demande plus polie que **you don't mind..., do you?** *(ça ne vous dérange pas que...).*
4. **Marrying into :** m. à m. « *se marier dans* ».
5. **A low family :** *une famille de basse extraction, inférieure.*
6. **Dearest :** intensif de **dear :** *très chère, ma grande chérie.*
7. **If it was :** incorrect (surtout à l'époque), car il s'agit d'un subj. : il faudrait **if it *were* yours.**

Il y eut un silence pesant, durant lequel le perroquet invita toute l'assistance à goûter une noix. Puis Julia prit la parole :

« Il faudra bien que vous me laissiez épouser Wilberforce, maintenant. Il en sait trop sur nous. »

« C'est à peu près ce que je pensais », fit lord Ickenham. « Il faut l'empêcher de parler, à mon avis. »

« N'est-ce pas que ça ne te ferait rien d'épouser quelqu'un issu d'une famille aussi lamentable, mon chéri ? » s'enquit Julia avec une pointe d'inquiétude.

« Aucune famille n'est trop moche pour moi, ma chérie, du moment que c'est la tienne », répliqua l'homme tout rose.

« Après tout, on n'aura pas besoin de les voir. »

« C'est exact. »

« Ce n'est pas la famille qui compte, c'est nous. »

« Ça, aussi, c'est exact. »

« Wilby ! »

« Julia ! »

Ils bissèrent la bonne vieille scène du lierre accroché au mur. Pongo affirme ne pas l'avoir appréciée davantage que la première fois. Mais son dégoût n'est rien auprès de celui de dame Connie.

« Et avec quoi, si je peux vous le demander, comptez-vous vous marier ? » fit-elle.

Cela sembla jeter un froid. Ils se décollèrent. Ils se regardèrent. La jeune fille regarda le type tout rose, et le type tout rose regarda la jeune fille. On sentait qu'une note discordante avait été jouée.

---

8. **Needn't see :** traitement de **need** comme défectif, normal à la forme négative, d'où l'absence d'auxiliaire.

9. **It's oneselves :** il faudrait **it's oneself** ; le pluriel est tout à fait incorrect. Le langage des jeunes gens, qui contraste avec celui de Pongo et surtout de lord Ickenham, témoigne d'un manque certain d'éducation, ce qui reste une marque de classe sociale en Grande-Bretagne de nos jours encore. **Relations :** cf. n. 3, p. 92.

10. **Connie's :** noter le cas possessif sans reprise de **distaste**.

11. **What do you... marry on? :** cet emploi de **on** se retrouve avec d'autre verbes, et implique souvent un aspect matériel : **he lives on ten pounds a day :** *il vit avec dix livres par jour ;* **they thrive on other people's misfortunes :** *ils prospèrent grâce au malheur d'autrui.*

12. **To strike a note :** *jouer, frapper une note.*

"Wilberforce is going to be a very rich man some day [1]."

"Some day!"

"If I had a hundred pounds," said the pink chap, "I could buy a half-share [2] in one of the best milk walks in South London [3] tomorrow.

"If!" said the woman.

"Ah!" said Claude.

"Where are you going to get it?"

"Ah!" said Claude.

"Where," repeated the woman, plainly pleased with the snappy [4] crack [5] and loath to [6] let it ride [7] without an encore [8], "are you going to get it?"

"That," said Claude, "is the point. Where are you going to get a hundred pounds?"

"Why, bless my soul [9]," said Lord Ickenham jovially, "from me, of course. Where else [10]?"

And before Pongo's bulging [11] eyes he fished out [12] from the recesses [13] of his costume a crackling bundle of notes and handed it over [14]. And the agony [15] of realizing that the old bounder had had all that stuff on him all this time and that he hadn't touched him for so much as a tithe [16] of it was so keen, Pongo says, that before he knew what he was doing he had let out a sharp, whinnying [17] cry which rang through the room like the yowl [18] of a stepped-on puppy [19].

---

1. **Some day** : m. à m. « *quelque jour* ».
2. **Share** : *part,* signifie aussi une *action,* titre de propriété d'une partie du capital d'une entreprise.
3. **South London** : quartiers de Londres situés au sud de la Tamise.
4. **Snappy** : 1) *irritable, hargneux, méchant* ; 2) *plein d'entrain, plein de sel, enjoué.*
5. **Crack** : *gaffe, parole déplacée.*
6. **To be loath to (do sth)** : *être peu enclin à, être mal disposé à, répugner à, hésiter à, ne pas vouloir.*
7. **To ride** : 1) *aller, monter à cheval* ; 2) *rouler, aller en voiture, bus,* etc. ; 2) (tr.) *chevaucher, monter, voguer.*
8. **Encore** : *bis* (théâtre, variétés).
9. **Bless my soul** : (sous-entendu **God bless my soul**) *Dieu me bénisse* ; m. à m. « *bénie soit mon âme* ».

« Un jour, mon Wilberforce va être riche. »

« Un jour ! »

« Si seulement j'avais cent livres », dit le type tout rose, « je pourrais, dès demain, acheter une demi-part d'une des meilleures tournées de lait du sud de Londres. »

« Si seulement ! »

« Ah ! » fit Claude.

« Et comment comptez-vous vous les procurer ? »

« Ah ! » fit Claude.

« Où donc », répéta la femme, manifestement enchantée de sa rude rosserie et répugnant à l'idée de laisser filer sans remettre ça, « où donc allez-vous les trouver ? »

« C'est bien là le problème », renchérit Claude. « Où donc allez-vous trouver cent livres ? »

« Eh bien, mon Dieu », dit lord Ickenham gaiement, « auprès de moi, bien sûr. Où voudriez-vous que ce fût ? »

Et devant les yeux exorbités de Pongo, il arracha au tréfonds de son costume une liasse de billets craquants et la fit passer. Alors la douleur qu'il éprouva quand il se rendit compte que le vieux gredin avait, tout ce temps-là, eu sur lui une telle somme, et qu'il ne l'avait pas tapé du moindre picaillon, cette douleur fut si atroce, dit-il, que sans même savoir ce qu'il faisait, il émit un cri aigu et plaintif qui résonna à travers la pièce comme le glapissement d'un chiot sur lequel on aurait marché.

---

10. **Where else? :** *où ailleurs ? ;* cf. **Who else? :** *Qui d'autre ?*

11. **Bulging :** *qui enfle, qui gonfle ; gonflé, ballonné ;* (yeux) *protubérants, qui sortent de la tête.*

12. **To fish out :** *pêcher* (dans les profondeurs), *tirer* (de quelque part en fouillant).

13. **Recess :** 1) *intercession* (parlementaire) ; *interruption* (de séance) ; 2) *recoin, repli, retrait, (r)enfoncement.*

14. **To hand over :** *tendre, présenter ; transmettre, faire passer.*

15. **Agony :** *angoisse ; souffrance ; peine profonde ;* **keen agony :** *douleur atroce.*

16. **Tithe** [taɪð] : *dîme ; dixième ; infime partie.*

17. **To whinny :** *hennir.*

18. **Yowl** [jaʊl] : *hurlement* (d'animal).

19. **Stepped-on puppy :** m. à m. « *chiot piétiné* ».

"Ah," said Lord Ickenham. "The vet wishes to speak to me. Yes, vet[1]?"

This seemed to puzzle the cerise bloke a bit.

"I thought you said[2] this chap was your son."

"If I had a son," said Lord Ickenham, a little hurt, "he would be a good deal better-looking than that. No, this is the local veterinary surgeon. I may have said I *looked* on him as a son[3]. Perhaps that was what confused you[4]."

He shifted across to Pongo and twiddled[5] his hands enquiringly. Pongo gaped at him, and it was not until one of the hands caught him smartly in the lower ribs[6] that[7] he remembered he was deaf and started to twiddle back[8]. Considering that he wasn't supposed to be dumb[9], I can't see why he should have twiddled[10], but no doubt there are moments when twiddling is about all a fellow feels himself equal to[11]. For what seemed to him at least ten hours Pongo had been undergoing great mental stress, and one can't blame him for not being chatty[12]. Anyway, be that as it may, he twiddled.

"I cannot quite understand what he says," announced Lord Ickenham at length, "because he sprained a finger this morning and that makes him stammer. But I gather that he wishes to have a word with me in private. Possibly my parrot has got something the matter with it[13] which he is reluctant to mention even in sign language in front of a young unmarried girl. You know what parrots are. We will step outside."

---

1. **Vet** : *véto* ; abr. de **veterinary.** On peut utiliser le n. et même l'abréviation pour s'adresser à l'intéressé : **Yes, vet? ;** de même : **no, Doc.**
2. **I thought you said** : m. à m. « *Je pensais que vous disiez* » ; la concordance des temps est implicite.
3. **To look on sb as a son** : *regarder qqn comme un fils, tenir qqn pour un fils.*
4. **What confused you** : *ce qui vous a dérouté* ; **what** : *ce que, ce qui.* **To confuse** : *brouiller, mêler, emmêler, rendre confus, perturber ;* **to get confused** : *s'embrouiller, perdre le fil, le nord, s'y perdre.*
5. **To twiddle** : *tortiller, tripoter, tournicoter ;* **to twiddle one's hands** : ici *parler avec les mains.*
6. **Lower ribs** : *côtes du bas, côtes inférieures.* De même : **upper/lower lip** : *lèvre supérieure, inférieure.*
7. **It was not until... that** : m. à m. « *ce ne fut pas avant qu'il... que...* ».

« Ah », fit lord Ickenham, « le vétérinaire désire me parler. Oui, docteur ? »

Cela sembla troubler quelque peu le type au teint de cerise.

« J'avais compris qu'il s'agissait de votre fils. »

« Si j'avais un fils », dit lord Ickenham, un peu blessé, « il aurait un peu plus d'allure. Non, c'est le vétérinaire local. J'ai dû dire que je le *considérais* comme un fils. La confusion vient peut-être de là. »

Il vint jusqu'à Pongo en remuant les mains d'un air interrogateur. Pongo ouvrit grand la bouche, et ce ne fut que lorsqu'il eut reçu un bon coup dans les côtes flottantes qu'il se souvint qu'il était sourd. Il répondit donc en agitant les mains à son tour. Étant donné qu'il n'était pas censé être muet, je ne vois pas pourquoi il se mit à parler avec les mains. Mais sans doute y a-t-il des moments où agiter les mains est tout ce qu'un type se sent capable de faire. Pendant ce qui lui avait semblé durer au moins dix heures, Pongo avait été soumis à une forte pression psychologique, on ne peut donc pas lui reprocher de ne pas avoir été causant. En tout cas, quoi qu'il en fût, il parla avec les mains.

« Je ne comprends pas bien tout ce qu'il dit », annonça enfin lord Ickenham, « car il s'est foulé un doigt ce matin, ce qui fait qu'il bégaie. Mais je pense qu'il désire me parler en particulier. Il se peut que mon perroquet ait une maladie qu'il répugne à décrire même en langage gestuel devant une jeune fille. Vous savez comment sont les perroquets. Nous allons sortir. »

---

8. **Started to twiddle back** : *se mit à répondre par gestes en retour* ; **start** se construit également avec v. en **-ing : he started talking** : *il commença à parler.*

9. **Dumb** [dʌm] : △ le **b** final n'est pas prononcé, non plus que dans **limb** [lɪm], **lamb** [læm], **thumb** [θʌm], etc. Rappel : **deaf and dumb** : *sourd et muet.*

10. **Why he should have twiddled** : m. à m. « *pourquoi il lui aurait fallu tortiller* ».

11. **Feels himself equal to** : m. à m. « *se sent à la hauteur* ».

12. **Chatty** : *causeur, causant, bavard* ; de **chat** : *causerie, causette, conversation à bâtons rompus* ; **to have a chat** : *faire un brin de causette, tailler une bavette.*

13. **Has got something the matter with it** : « *a qqch. qui ne va pas avec lui* ».

"*We*[1] will step outside," said Wilberforce.

"Yes," said the girl Julia. "I feel like a walk."

"And you," said Lord Ickenham to the woman Connie, who was looking like a female Napoleon[2] at Moscow. "Do you join the hikers[3]?"

"I shall remain and make myself a cup of tea. You will not grudge[4] us a cup of tea, I hope?"

"Far from it." said Lord Ickenham cordially. "This is Liberty Hall[5]. Stick around and mop it up[6] till your eyes bubble."

Outside, the girl, looking more like a dewy rosebud than ever, fawned on[7] the old buster pretty considerably.

"I don't know how to thank you!" she said. And the pink chap said he didn't, either[8].

"Not at all, my dear, not at all," said Lord Ickenham.

"I think you're simply wonderful."

"No, no."

"You are. Perfectly marvellous."

"Tut, tut[9]", said Lord Ickenham. "Don't give the matter another thought[10]."

He kissed her on both cheeks, the chin, the forehead[11], the right eyebrow, and the tip[12] of the nose, Pongo looking on the while in a baffled and discontented manner. Everybody seemed to be kissing this girl except him.

Eventually the degrading spectacle[13] ceased and the girl and the pink chap shoved off[14], and Pongo was enabled to take up the matter of that hundred quid[15].

---

1. **We :** un mot en italiques dans un texte en anglais marque une intention ou une insistance particulières.

2. **Female Napoleon : female** n'est pas péjoratif en anglais (cf. n. 7, p. 98).

3. **Hiker :** *touriste qui se déplace à pied, randonneur ;* du v. **to hike :** *faire la route, de la randonnée, trimarder, vagabonder ;* **hitch-hiker :** *auto-stoppeur.*

4. **To grudge :** *donner à regret, à contrecœur, mesurer.*

5. **Liberty Hall :** tout *espace de liberté,* par ex. : maison où les invités font comme chez eux (cf. l'abbaye de Thélème).

6. **To mop up :** *éponger, essuyer,* (fam.) *licher, pomper jusqu'à la dernière goutte ;* (guerre) *nettoyer les tranchées.*

7. **To fawn (upon) :** *faire des caresses* (animal) ; *aduler, ramper* (devant qqn), *flagorner,* (fam.) *faire de la lèche, lécher les bottes.* À rapprocher de **fawn :** 1) *faon ;* 2) (couleur) *fauve.*

« *Nous aussi* allons sortir », dit Wilberforce.

« Oui », dit Julia, « j'ai envie de faire un tour. »

« Et vous ? » demanda lord Ickenham à Connie, qui ressemblait à un Napoléon femelle à Moscou. « Vous joignez-vous aux promeneurs ? »

« Je préfère rester ici pour me faire une tasse de thé. Vous ne nous refuserez pas une tasse de thé, j'espère ? »

« Pas du tout », dit lord Ickenham cordialement. « Ici, on agit à sa guise. Restez pour tout liquider, jusqu'à ce que vos yeux fassent des bulles. »

À l'extérieur, Julia, plus que jamais semblable à un bouton de rose couvert de rosée, flattait le vieil imposteur plus que de raison.

« Je ne sais comment vous remercier », dit-elle. Le type tout rose dit qu'il ne savait pas non plus.

« Mais ce n'est rien, ma chère, rien du tout », dit lord Ickenham.

« Je trouve que vous êtes tout simplement merveilleux. »

« Non, non. »

« Si, si, absolument merveilleux. »

« Tss, tss », dit lord Ickenham, « n'y pensez plus. »

Il l'embrassa sur les deux joues, le menton, le front, le sourcil droit et le bout du nez, pendant que Pongo les regardait, l'air dérouté et frustré. Il lui semblait que le monde entier, à part lui, embrassait la jeune fille.

Finalement, ce spectacle dégradant cessa, Julia et le type rose prirent le large et Pongo put enfin aborder la question de ces cent livres.

---

8. **Either** (GB) [ˈaɪðə], (US) [iːðəʳ] : *non plus,* en fin de phrase négative. En début de phrase **either** (suivi plus loin de **or**) : *ou bien, soit.*

9. **Tut, tut** : les interjections et autres exclamations diffèrent d'une langue à l'autre ; rappelez-vous **tcha** *(fi, pouah)* un peu plus haut, **er,** ou **ah** *(euh)* dans la nouvelle précédente.

10. **Don't give the matter another thought** : m. à m. « *n'accordez pas à l'affaire une autre pensée* ».

11. **Forehead** : [ˈfɒred].

12. **Tip** : *bout, extrémité, pointe,* s'emploie aussi dans **tip of the tongue** : *bout de la langue ;* **on tiptoe** : *sur la pointe des pieds ;* **at one's fingertips** : *sur le bout des doigts,* etc.

13. **Spectacle** : *spectacle,* mais **spectacles** : *lunettes* (de vue).

14. **To shove off** : (nautisme) *pousser au large ;* (fam.) *se tirer.*

15. **Quid** : (argot.) *biffeton d'une livre,* ne prend pas de **s** au pl.

"Where," he asked, "did you get all that money?"

"Now, where did I[1]?" mused[2] Lord Ickenham. "I know your aunt gave it to me for some purpose[3]. But what? To pay some bill[4] or other, I rather fancy."

This cheered Pongo up slightly.

"She'll give you the devil when you get back," he said, with not a little relish[5]. "I wouldn't be in your shoes for something[6]. When you tell Aunt Jane," he said, with confidence, for he knew his Aunt Jane's emotional nature, "that you slipped[7] her entire roll[8] to a girl, and explain, as you will have to explain, that she was an extraordinarily pretty girl – a girl, in fine[9], who looked like something out of a beauty chorus[10] of the better sort, I should think she would pluck[11] down one of the ancestral battle-axes from the wall and jolly well[12] strike you on the mazzard[13]."

"Have no anxiety[14], my dear boy," said Lord Ickenham. "It is like your kind heart[15] to be so concerned, but have no anxiety. I shall tell her that I was compelled to give the money to you to enable you to buy back some compromising letters from a Spanish *demi-mondaine*. She will scarcely be able to blame me for rescuing[16] a fondly-loved nephew from the clutches of an adventuress. It may be that she will feel a little vexed with you for a while, and that you may have to allow a certain time to elapse before you visit Ickenham again, but then I shan't be wanting you at Ickenham till the ratting season starts, so all is well."

---

1. **Where did I?** : reprise de **get** par l'auxiliaire seul.
2. **To muse** : *méditer, rêvasser, réfléchir.* Comme **fancy** plus bas, n'exprime pas une activité intellectuelle rigoureuse.
3. **Purpose** ['pɜːpəs] : *dessein, but, intention, finalité.*
4. **Bill** : *note, facture ; effet* (papier commercial) ; *projet de loi ;* (US) *billet de banque* (GB **banknote**).
5. **With not a little relish** : m. à m. « *avec pas qu'un peu de satisfaction* ». **Relish** : *goût, saveur ; piquant, condiment, assaisonnement;* **with relish** : *avec plaisir, de bon appétit.*
6. **I wouldn't be in your shoes for something** : m. à m. « *je ne voudrais pour quoi que ce soit être dans vos souliers* » ; **to step into sb's shoes** : *prendre la place, la suite de qqn.*
7. **To slip** : *(se) glisser, (se) couler, se faufiler ; commettre une étourderie ;* **my tongue slipped** : *ma langue a fourché.*

« D'où tenez-vous tout cet argent ? » demanda-t-il.

« Voyons, où l'ai-je pris ? » réfléchit lord Ickenham. « Je sais que ta tante me l'a donné pour une certaine raison, mais laquelle ? Sans doute payer une facture, ou quelque chose dans le genre, je suppose. »

Cela réconforta quelque peu Pongo.

« Elle va vous passer un sacré savon à votre retour », dit-il non sans une pointe de satisfaction dans la voix. « Je ne voudrais pour rien au monde être à votre place. Quand vous avouerez à tante Jane », dit-il avec confiance, car il connaissait la nature émotive de sa tante Jane, « que vous avez refilé tout son paquet de billets à une jeune fille, et que vous expliquerez, comme il vous faudra bien le faire, que c'était une fille sacrément mignonne, une fille qui, en fin de compte, semblait sortie d'un corps de ballet de music-hall du meilleur genre, je pense qu'elle décrochera du mur une des vieilles haches d'armes et vous en donnera un sacré coup derrière l'occiput. »

« Ne t'inquiète pas, mon cher enfant. Te faire ainsi du souci pour moi prouve ton bon cœur, mais ne te tourmente pas. Je lui dirai que j'ai été obligé de te donner l'argent pour que tu puisses racheter à une demi-mondaine espagnole des lettres compromettantes. Elle ne pourra guère me blâmer d'avoir sauvé son neveu bien-aimé des griffes d'une aventurière. Il est possible qu'elle soit un peu mal disposée à ton encontre pendant un moment, et que tu sois obligé de laisser passer quelque temps avant de reprendre tes visites à Ickenham ; mais de toute façon je ne comptais pas t'inviter avant la saison de la dératisation, alors tout va bien. »

---

8. **Roll** [rəul] : *rouleau ; petit pain, croissant ;* (US) *paquet de billets* (de banque).
9. **In fine** [ɪn faɪn] : expression adverbiale désuète : *enfin, en fin de compte*. **Fine** (n.) : *amende, contravention*.
10. **Chorus** ['kɒrəs] : *chœur, refrain ;* (spectacle) *troupe de chanteurs-danseurs*.
11. **To pluck** : *arracher, plumer, cueillir, tirer.*
12. **Jolly well** : expression adverbiale de renforcement.
13. **Mazzard, mazard** ['mæzəd] : 1) *cerise noire, guigne ;* 2) (facétieux) *chef, occiput, tête.*
14. **Anxiety** [æŋ'zaɪətɪ] : *angoisse ; anxiété, nervosité.*
15. **It's like your kind heart** : m. à m. *« c'est tout ton bon cœur »,* d'où *je reconnais là ton bon cœur.*
16. **To rescue** ['reskju:] : *délivrer, secourir, sauver.*

At this moment, there came toddling up[1] to the gate of *The Cedars* a large red-faced man. He was just going in when Lord Ickenham hailed him.

"Mr Roddis?"

"Hey[2]?"

"Am I addressing[3] Mr Roddis?"

"That's me."

"I am Mr J. G. Bulstrode from down the road[4]," said Lord Ickenham. "This is my sister's husband's brother[5], Percy Frensham, in the lard and imported-butter business[6]."

The red-faced bird said he was pleased to meet them. He asked Pongo if things were brisk[7] in the lard and imported-butter business, and Pongo said they were all right, and the red-faced bird said he was glad to hear it.

"We have never met, Mr Roddis," said Lord Ickenham, "but I think it would be only neighbourly[8] to inform you that a short while ago I observed two suspicious-looking persons in your house."

"In my house? How on earth did they get there?"

"No doubt through a window at the back. They looked to me like cat burglars[9]. If you creep up[10], you may be able to see them."

The red-faced bird crept, and came back not exactly foaming[11] at the mouth but with the air of a man who for two pins[12] would so foam.

---

1. **To toddle (up)** : *marcher en chancelant ; marcher à petits pas, trottiner ;* **to toddle one's way along** : *faire son petit bonhomme de chemin.*

2. **Hey!** : *hein !* est une forme un peu rude ; préférer **pardon me, I beg your pardon.**

3. **To address** : *adresser ; accoster, aborder ;* **to address sb** : *s'adresser à qqn ;* **to address a party** : *haranguer, faire un discours à un groupe.*

4. **From down the road** : *du bas de la route,* a pour pendant **from up the road** : *d'en haut de la rue.*

5. **My sister's husband's brother** : cette cascade de cas possessifs n'est pas inhabituelle, on en trouve de plus longues. Toujours remonter du dernier élément vers le premier pour établir le lien logique.

6. **In the... business** : m. à m. « *dans les affaires de..* » ; **business**

C'est alors qu'arriva en trottinant à la grille des *Cèdres* un gros homme rougeaud. Il allait entrer lorsque lord Ickenham le salua.

« M. Roddis ? »

« Hein ? »

« Ai-je affaire à M. Roddis ? »

« C'est moi. »

« Je suis J.G. Bulstrode, du bas de la rue », dit lord Ickenham, « et voici le frère du mari de ma sœur Percy Fresham. Il est dans le saindoux et le beurre d'importation. »

Le type au visage rougeaud dit qu'il était ravi de les rencontrer. Il demanda à Pongo si le marché du saindoux et du beurre d'importation était actif, Pongo répondit que tout allait bien et le type dit qu'il était heureux de l'entendre.

« Nous ne nous sommes jamais rencontrés, M. Roddis », dit lord Ickenham, « mais je pense que c'est faire preuve d'un esprit de bon voisinage que de vous informer qu'il y a quelques instants, j'ai aperçu deux personnages d'allure suspecte dans votre maison. »

« Chez moi ? Mais comment diantre sont-ils entrés ? »

« Certainement par une fenêtre de derrière. Pour moi, ce sont des cambrioleurs. Si vous vous avancez doucement, vous pourrez les apercevoir. »

Le type rougeaud avança, et s'en revint avec l'air de quelqu'un qui, s'il n'avait pas vraiment l'écume aux lèvres, était sur le point d'écumer pour moins que rien.

['bɪznɪs] : à partir du sens général de *besogne, activité, occupation* à de nos jours de plus en plus le sens *d'affaires*.

7. **Brisk** : *vif, actif, animé, alerte* ; **business is brisk** : *les affaires sont soutenues, animées, actives.*

8. **Neighbourly** ['neɪbəʳlɪ] : *obligeant, amical, d'un bon voisin, de bon voisinage.*

9. **Cat burglar** : (fam.) *monte-en-l'air, cambrioleur* (**burglar**) qui s'introduit par effraction en escaladant un mur.

10. **To creep** : *se faufiler, se glisser, avancer discrètement ;* (animaux, insectes) *ramper.*

11. **To foam** [fəʊm] : *écumer, moutonner, mousser, être furieux.*

12. **Pin** : *épingle, goupille, cheville, fiche* (électrique) ; *quille.* Expressions : **for two pins** : *pour deux sous, pour pas grand-chose ;* **I don't care a pin/two pins, a fig, a bean** : *je m'en fiche comme de l'an quarante, je n'en ai rien à faire.*

"You're perfectly right. They're sitting in my parlour as cool as dammit[1], swigging[2] my tea and buttered toast."

"I thought as much[3]."

"And they've opened a pot of my raspberry jam."

"Ah, then you will be able to catch them red-handed[4]. I should fetch[5] a policeman."

"I will. Thank you, Mr Bulstrode."

"Only too glad to have been able to render you this little service, Mr Roddis," said Lord Ickenham. "Well, I must be moving[6]. I have an appointment[7]. Pleasant after the rain, is it not? Come, Percy."

He lugged Pongo off[8].

"So that," he said with satisfaction, "is that[9]. On these visits of mine to the metropolis, my boy, I always make it my aim, if possible, to spread sweetness and light. I look about me, even in a foul[10] hole like Mitching Hill, and I ask myself – How can I leave this foul hole a better and happier foul hole than I found it? And if I see a chance, I grab it. Here is our omnibus. Spring[11] aboard[12], my boy, and on our way home we will be sketching out[13] rough plans[14] for the evening. If the old Leicester[15] Grill is still in existence, we might look in there. It must be fully thirty-five years since I was last thrown out of the Leicester Grill. I wonder who is the bouncer there now."

---

1. **As cool as dammit** : m. à m. « *aussi décontractés que bon sang de bois !* » **Dammit!** : *sacrédié !, sapristi !*
2. **To swig** : *boire à grands traits, à grandes lampées, siffler,* (fam.) *lamper, descendre.* **To have a swig at the bottle** : *boire à la bouteille.*
3. **I thought as much** : m. à m. « *j'en pensais autant* », d'où *c'est ce que je pensais.*
4. **To catch sb red-handed** : m. à m. « *la main rouge* » (de sang ?), *prendre qqn sur le fait, en flagrant délit, la main dans le sac.*
5. **To fetch** : *aller, envoyer chercher.*
6. **I must be moving** : la forme en **-ing** indique qu'on est déjà dans l'action, qu'elle a quasiment commencé.
7. **Appointment** : outre *rendez-vous,* signifie *engagement, embauche, nomination* (à un poste), *aménagements intérieurs* (décoration).

« Vous avez parfaitement raison. Ils sont assis dans mon salon comme s'ils étaient chez eux, et ils boivent mon thé en se beurrant des toasts. »

« Ça ne m'étonne pas. »

« Et ils ont ouvert un pot de ma confiture de framboises. »

« Ah, alors vous allez pouvoir les prendre la main dans le sac. À votre place, j'appellerais un policier. »

« C'est ce que je vais faire. Je vous remercie, M. Bulstrode. »

« Trop heureux d'avoir pu vous rendre ce petit service, M. Roddis », dit lord Ickenham. « Eh bien, il faut que j'y aille, j'ai un rendez-vous. Agréable, ce temps après la pluie, n'est-ce pas ? Viens, Percy. »

Il entraîna Pongo.

« Et voici une bonne chose de faite », dit-il avec satisfaction. « Quand je viens à la grande ville, mon cher garçon, je me fais un devoir, quand c'est possible, de répandre douceur et lumière. Je regarde autour de moi, même dans un endroit pourri comme Mitching Hill, et je me demande comment transformer cet endroit pourri en un meilleur et plus heureux endroit pourri que celui que j'ai trouvé ; et si je vois une opportunité, je la saisis. Voilà notre bus, grimpe, mon garçon, et sur le chemin du retour nous dresserons des plans sommaires pour la soirée. Si ce bon vieux gril du Leicester existe encore, nous pourrions aller y faire un tour. Il doit bien y avoir trente-cinq ans maintenant que je m'en suis fait vider pour la dernière fois. Je me demande qui est le videur de nos jours. »

---

8. **To lug off** : *tirer, traîner, entraîner.*
9. **That is that** : m. à m. *« cela est cela, cela est ainsi » ;* traductions possibles : *c'est une bonne chose de faite, tout est bien qui finit bien, ainsi va la vie,* etc.
10. **Foul** [faʊl] : 1) *infect, puant, nauséabond, fétide ;* 2) *malpropre, souillé ;* 3) *déloyal, contraire à la (bonne) règle, défendu, illicite ;* **foul play** : *tricherie, sale coup, coup tordu.*
11. **To spring** : *bondir, sauter.*
12. **Aboard** [ə'bɔːrd] : *à bord.*
13. **To sketch out** : *dessiner à grands traits, esquisser.*
14. **Rough plan** : *avant-projet, pré-étude, plan grossier, étude sommaire.*
15. **Leicester** : ['lestər].

Such (concluded the Crumpet) is Pongo Twistleton's Uncle Fred from the country, and you will have gathered by now a rough notion of why it is that when a telegram comes announcing his impending arrival in the great city Pongo blenches [1] to the core [2] and calls for a couple of [3] quick ones [4].

The whole situation, Pongo says, is very complex. Looking at it from one angle, it is fine that the man lives in the country most of the year. If he didn't, he would have him in his midst [5] all the time. On the other hand [6], by living in the country he generates, as it were, a store [7] of loopiness [8] which expends [9] itself with frightful violence on his rare visits to the centre of things.

What it boils down to [10] is this – Is it better to have a loopy uncle whose loopiness is perpetually on tap [11] but spread out thin [12], so to speak, or one who lies low [13] in distant Hants for three hundred and sixty days in the year and does himself proud [14] in London for the other five? Dashed moot [15], of course, and Pongo has never been able to make up his mind on the point.

Naturally, the ideal thing would be if someone would chain the old hound [16] up permanently and keep him from Jan. One to Dec. Thirty-one [17] where he wouldn't do any harm – viz. [18] among the spuds and tenantry. But this, Pongo admits, is a Utopian dream. Nobody could work harder to that end than his Aunt Jane, and she has never been able to manage it.

---

1. **To blench :** *sourciller, se dérober, broncher.*
2. **Core :** *cœur, centre* (des choses), *noyau ; trognon* (de pomme).
3. **A couple of :** m. à m. *« un couple, une paire de » ;* en réalité, un nombre incertain mais petit. **A couple of days :** *quelques* (deux, trois) *jours. Un couple marié :* **a married couple.**
4. **Quick ones :** m. à m. *« des rapides » ;* il s'agit de *petits verres* consommés à la hâte, généralement au comptoir.
5. **In his midst :** (facétieux) *en son milieu, autour de lui.*
6. **On the other hand :** *d'un (de l') autre côté ;* parfois précédé de **on the one hand :** *d'un côté.*
7. **Store :** 1) *réserve, accumulation, provisions ;* 2) *entrepôt, magasin ; grand magasin.*
8. **Loopiness :** substantif de **loopy :** *dingue, cinglé, loufoque.*
9. **To expend** [iks'pend] **:** *épuiser, consommer, dépenser ;* **expenditure :** *dépenses, consommation, mise de fonds.*

Voilà, conclut La Brioche, qui est l'oncle campagnard de Pongo Twistleton, et vous aurez compris maintenant pourquoi, quand un télégramme annonce son arrivée imminente dans la capitale, Pongo pâlit jusqu'au trognon et commande quelques puissants remontants.

La situation, d'après Pongo, est très complexe. Vu sous un certain angle, il est heureux que l'homme vive à la campagne la majeure partie de l'année. Si ce n'était pas le cas, Pongo l'aurait sur le dos toute l'année. D'un autre côté, à vivre à la campagne, il accumule en quelque sorte de la loufoquerie qui explose avec une violence terrible lors de ses rares visites au cœur des choses.

Voilà à quoi tout ceci se ramène : vaut-il mieux avoir un oncle excité, dont l'excitation reste pour ainsi dire constamment contenue et s'exprime à petites doses, ou bien un oncle qui garde un profil bas dans le lointain Hampshire trois cent soixante jours par an, et se déchaîne à Londres les cinq qui restent ? Sacré dilemme, bien sûr, et Pongo n'a pour l'instant pas réussi à se faire une opinion sur la question.

L'idéal serait, bien sûr, que quelqu'un enchaînât le vieux cinglé de façon permanente et le gardât du premier janvier au trente et un décembre là ou il ne ferait aucun mal, c'est-à-dire entre les sarcloirs et les fermiers. Mais cela, Pongo l'admet, n'est qu'une utopie. Personne n'a davantage fait pour y parvenir que sa tante Jane, et elle n'a jamais réussi.

---

10. **To boil down to** : m. à m. *« se réduire (en bouillant) à »*, d'où *se résumer, revenir à*.

11. **On tap** : *à la pression* (bière).

12. **Spread out thin** : m. à m. *« étalé en couche fine »*.

13. **To lie low** : m. à m. *« s'allonger bien bas »*, d'où *ne pas se faire remarquer, ne pas être repéré, garder un profil bas*.

14. **To do oneself proud** : m. à m. *« se faire honneur, se soigner, se mettre dans les frais, ne se priver de rien »*.

15. **Moot** : *sujet à controverse, de discussion* ; (jurid.) **moot point, moot case** : *point de droit*.

16. **Hound** : *chien* (de chasse, de meute).

17. **Jan. One to Dec. Thirty-one** : en théorie incorrect oralement, mais peut se trouver sous la forme écrite **Jan 1 to Dec 31.**

18. **Viz.** = **videlicet** (adv.), se lit **namely** : *c'est-à-dire.*

RÉVISIONS

Vous avez rencontré dans la nouvelle que vous venez de lire l'équivalent des expressions françaises suivantes. Vous en souvenez-vous ?

1. *Il fit non de la tête, semblable à un personnage sorti d'une tragédie grecque poursuivi par les Parques.*
2. *Je ne sais pas si par hasard vous savez ce que signifie le mot excès.*
3. *Ça n'aurait pas tellement d'importance s'il consentait à confiner ses activités aux locaux du club.*
4. *Il n'est pas en mesure d'utiliser la main de fer avec le vieux gredin.*
5. *Cela fait bien longtemps que ces prairies ont été divisées en lotissements.*
6. *Il imaginait qu'on ne peut guère avoir d'ennuis dans une banlieue lointaine.*
7. *La pluie, qui s'était abstenue jusque-là, s'abattit soudain avec un bruit de douche.*
8. *Tu ne commettras jamais d'erreur grave si tu t'en remets à moi.*
9. *Il veut devenir avocat, mais il ne possède pas encore son droit sur le bout des doigts.*
10. *Toutes les nièces de ma femme sont aussi mes nièces.*
11. *Il vient un temps où parents et alliés doivent se tenir les coudes.*
12. *Il avait suivi la discussion avec l'extrême attention qu'elle méritait.*
13. *Il s'irritait qu'elle se colle à un autre comme le lierre au mur du jardin.*
14. *Il s'en est fallu d'un cheveu qu'on ne l'envoie en prison.*
15. *Ça ne te ferait rien d'épouser quelqu'un issu d'une humble famille, n'est-ce pas, mon chéri ?*
16. *Pour rien au monde je ne voudrais être à votre place quand vous rentrerez.*
17. *C'est bien ton cœur généreux qui te fait faire du souci.*
18. *Je n'aurai pas besoin de toi avant le début de la campagne de dératisation.*
19. *Voilà peu, j'ai observé deux personnages suspects chez vous.*
20. *Pongo n'a jamais pu trancher (prendre une décision) sur ce point.*

1. He shook his head, looking like a character out of a Greek tragedy pursued by the Fates.
2. I don't know whether/if you happen to know what the word excesses means.
3. It wouldn't so much matter if he would confine his activities to the club premises.
4. He is in no position (He is not in a position) to use the iron hand with the old buster.
5. It is many years since those meadows were cut up into building lots.
6. He fancied (imagined) one (you) can't (can hardly) get into much trouble in a remote suburb.
7. The rain, which had held off till then, suddenly began to buzz down like a shower(-bath).
8. You'll never go far wrong if you leave things to me.
9. He is reading for the Bar, but he hasn't yet got a complete toehold on (a full command of) the law.
10. Any niece of my wife is a niece of mine.
11. There comes a time when relatives must stand shoulder to shoulder.
12. He had been following the discussion with the close attention it deserved.
13. He resented her glueing to another like the ivy on the garden wall.
14. It was touch and go that they didn't send him to prison.
15. You wouldn't mind marrying into (someone from) a low family, would you, darling ?
16. I wouldn't be in your shoes for something (anything) when you get back.
17. It's like your kind heart to feel so concerned.
18. I shan't be wanting (needing) you until the ratting season starts.
19. A short while ago, I observed two suspicious-looking persons in your house.
20. Pongo has never been able to make up his mind on this point.

Tableaux des principaux jurons, interjections et argotismes rencontrés

bally, *sacré, fichu*

bird, *sacré, fichu*

blast, blasted, *maudire, maudit*

blithering, *fichu, sacré, bigre(ment)*

bloke, *type*

bloody, *saloperie de, foutu...*

bob, *pièce d'un shilling*

bounder, *prétentieux*

buster, *lascar, zigoto*

chap, *type, gars, individu*

chappie, *petit gars*

cove, *oiseau, zigoto*

dash, dashed, *sacré, fichtre, diable de*

deuce, deuced, *diable de, fichtre(ment)*

dickens, *diable (de)*

dope, *stup, drogue*

hell, *enfer ; bon Dieu !*

Johnnie, *type, mec*

lemon, *caboche, citron*

mazzard, *occiput, caboche*

morning head, *gueule de bois*

to push off, *mettre les voiles*

quid, *biffeton d'une livre*

rot, *pourriture, saloperie*

rotten, *saleté, pourriture de*

rum, rummy, *bizarre, étrange*

to sack, *virer*

stuck-up, *poseur, prétentieux*

to swig, *lamper*

thingummy, *truc, machin*

topper, *de première*

topping, *excellent, au poil*

to touch, *taper de l'argent*

what's-its-name, *machin-chose*

INDEX

body, *corps, cadavre,* 50

bone, *os,* 29

boon, *aubaine,* 40

boots, *bottines, bottes, chaussures montantes,* 106

bosom, *sein, poitrine,* 21

to boost, *augmenter,* 16

to boss, *rudoyer, régenter ; jouer au chef,* 26

bound, participe passé de **bind,** 114

to (adj.), *destiné à,* 51, 115

bounder (fam.), *prétentieux,* 111

bow [baʊ], *salut, révérence, inclinaison* (de tête) *; proue* (navire), 97

bow [bəʊ], *arc, archet,* 97

boyhood, *enfance,* 21

bracer, *remontant,* 18

to break up, *briser ; se disperser* (foule), 88

to break off, *se rompre, briser ; faire la pause, s'arrêter,* 110

breath, *souffle, respiration,* 90

brisk, *animé, vif, alerte ; actif,* 141

broad-minded, *large d'esprit, ouvert,* 90

to buck up, *encourager, revigorer,* 61

to bulge, *bomber, faire saillie, faire une bosse,* 91, 133

burden, *fardeau,* 114

business, *affaire(s),* 14, 140

buster, *lascar, zigoto,* 21

butler, *maître d'hôtel, majordome,* 30

to butt in (a conversation), *intervenir sans y être invité,* 125

to buzz, *bourdonner ; sonner, faire retentir un timbre,*

(moderne, fam.) *appeler au téléphone,* 98

by chance, *par hasard,* 68

by Jove, *par Jupiter, bon sang,* 69

C

to carry on, *poursuivre, continuer,* 13

casual, *accidentel, dû au hasard ; sans gêne,* 79, 104

cat-burglar, *monte-en-l'air,* 141

catch, *prise,* 78

caution, *précaution, prudence, circonspection ; mise en garde,* 104

cautiously, *avec prudence, en faisant attention,* 104

to chance (to), *faire qqch par hasard, se trouver,* 68

chap, *type, individu, gars, garçon,* 51

chappie, *petit gars, garçon,* 57

chatty, *causant, bavard,* 135

check, *carreau* (motif) *; tissu prince-de-galles,* 25

cheery, *joyeux, réjouissant,* 15

chief-editor, *rédacteur-en-chef,* 77

chorus, *refrain, chœur ; troupe,* 139

to chuck, *fourrer, ficher,* 69

claws, *griffes, serres,* 100

to clear away, *s'éclaircir ; quitter le port* (navire), 70

close (adj.), *fermé, rapproché ; proche,* 121

to clump, *marcher d'un pas lourd,* 17

to cluster (round), *se rassembler, se regrouper,* 115

clutches, *griffes,* 81

151

to collect, *ramasser ; collecter,* 54

to commit suicide, *se suicider,* 49

to compel, *obliger, contraindre,* 128

complaint, *plainte, réclamation, grief ; maladie,* 87

to consist, 1 **(of),** *se composer (de), comporter,* 2 **(in),** *consister à,* 113

constabulary, *police, gendarmerie,* 96

to contemplate, *contempler ; envisager de,* 44

core, *cœur, centre* (des choses), 144

cosy, *confortable,* 101

cove, *zigoto,* 19

coy, *timide, réservé,* 107

crack, *parole déplacée, gaffe,* 132

crumpet, sorte de *crêpe,* 86

to curse, *maudire ; blasphémer,* 75

D

dance, *danse ; bal, soirée dansante,* 30

dash (nom), *trait ;* (interjection) *fichtre, diable,* 35

dashed, *diable de, du diable si...,* 52

dash it!, *au diable ! maudit soit... !,* 32

day off, *jour de congé,* 101

deaf, *sourd,* 115

defiant, *provocateur, défiant,* 28

to defy, *défier, provoquer, mettre au défi,* 28

delay, *retard,* 71

dependent (adj.), *financièrement dépendant,* 14, 31

deuce (en composition), *diable (de),* 68

deuced (+ adj.), *fichtrement,* 68

devilish, adj. *diabolique ;* adv. *diaboliquement,* 24, 61

devotedly, *avec dévouement, dévotion,* 43

detective, *inspecteur en civil,* 50

dickens, *diable (de),* 64

to dig, *creuser,* 34

to dig up, *dévoiler, pêcher,* 15

to disregard, *ne pas tenir compte de, négliger,* 117

dope (argot), *drogue, stupéfiant,* 128

drawer, *tiroir,* 65

dress, *habit, vêtement ; robe,* 20

drone, *faux bourdon ; parasite, pique-assiette,* 13, 86

drooping, *penché, tombant ; languissant,* 120

to drop, *tomber ; laisser tomber,* 41

to duck, *plonger, piquer une tête,* 111

due (adj.), *attendu, prévu,* 16

dumb, *muet ; stupide,* 135

E

earnest (adj.), *sérieux, consciencieux,* 112 ; **in ~,** *pour de bon,* 112

edge, *bord, arrête ; fil, tranchant,* 100

to edge in, *s'insinuer à l'intérieur,* 100

earl, *comte* (titre de noblesse), 89

to edit, *réviser, récrire ; couper ; monter* (film), 77

eel, *anguille,* 119

encore, *bis,* 132

to endeavour, *s'efforcer de,* 43

to give way, *céder, succomber ; céder le passage,* 98

to glare, *briller d'un éclat aveuglant ; foudroyer, défier du regard,* 87

glow, *lueur* ou *couleur rouge, rougeoiement ;* (sensation de) *chaleur,* 102

to glue, *coller,* 122

gnat, *moucheron,* 58

goat, *chèvre,* 96

goggles, *grosses lunettes* (moto), 31

to go mad, *être pris de folie,* 128

good old..., *ce bon vieux..., le brave...,* 31

to go wrong, *aller mal, de travers,* 101

great-uncle, *grand-oncle,* 94

to grudge, *donner à contre-cœur, compter, mesurer,* 136

to gulp, *avaler, engloutir,* 107

H

hall, *manoir, petit château ; salle, vestibule, entrée,* 89

to hand sb the mitten, *saquer, virer qqn,* 15

to hand over, *tendre, présenter,* 133

harmlessly, *de manière inoffensive, sans danger,* 96

harvest, *moisson,* 107

headquarters, *quartier général, siège,* 71

hearth-rug, *tapis de cheminée,* 91

heartily, *chaleureusement, avec enthousiasme,* 95

hell, *enfer ;* en interjection, mot toujours très fort à l'époque du récit, 95

what the hell, *que diable,* 95

to hiccough, *hoqueter,* 120

high-heeled, *à talons hauts,* 113

hiker, *randonneur, touriste,* 136

to hold off, *retenir, tenir à distance ; s'abstenir,* 98

hound, *chien,* 145

to hug, *prendre dans ses bras, enlacer, embrasser,* 123

hunting crop, *fouet de meute,* 22

I

to impel, *pousser, contraindre, forcer,* 55

imperious, *impérieux,* 115

indwelling, *interne, inhérent,* 79

insufferable, *insupportable, intolérable,* 71

intake, *aspiration* (d'air), *absorption, flux entrant,* 90

to intrude (upon), *s'imposer, faire intrusion,* 117

ivy, *lierre,* 78

J

jellied, *en gelée,* 119

Johnnie, *type, « mec »,* 16

to join, *s'engager, s'inscrire à, entrer dans, se joindre à,* 41, 130

jolly, adj. *gai, joyeux ;* adv. *drôlement, tout à fait,* 40

juncture, *conjoncture, circonstance,* 72

K

keeper, *gardien, tuteur,* 14

L

lad, *ami, copain ; type,* 25

latchkey, *clé de verrou ; passe-partout,* 104

Law (the), *la Loi, le droit,* 103

law-abiding, *qui respecte la loi, respectueux des lois, rangé,* 29

lax, *relâché,* 109

layout, *dispositif, disposition ;* (texte) *présentation,* 111

leading, *(qui est) en tête ; premier,* 112

library, *bibliothèque,* 45

likeness, *ressemblance,* 20

lissomely, *lestement, souplement,* 110

loath to, *peu enclin à,* 132

local (adj.), *local, du quartier, du coin,* 112

to locate, *repérer, situer, localiser,* 59

to look askance, *regarder de travers,* 127

looney bin, *asile d'aliénés,* 95

loopiness, *loufoquerie,* 144

loopy, *dingue, cinglé, loufoque,* 144

to loot, *piller,* 15

to lug (off), *tirer, traîner, entraîner ; promener,* 91, 143

to lure, *appâter, leurrer, tromper,* 28

M

man = manservant, 14

to manage, *se débrouiller, réussir,* 24

manly, *masculin,* 92

manservant, *domestique, valet de chambre,* 14

to match, *(s')assortir, aller avec,* 76

mazzard, *cerise noire ;* (fam.) *occiput,* 139

to meander, *serpenter, faire des méandres,* 72

medium, *moyen,* 49

mess, *désordre,* 46

middle-aged, *d'âge moyen,* 113

to minister, *soigner ; subvenir aux besoins,* 112

misdemeanour, *délit,* 103

moisture, *humidité ; buée,* 98

moot, *sujet à controverse,* 145

to mop up, *éponger, pomper ; nettoyer,* 136

morning head, « *gueule de bois* », 17

murderer, *assassin,* 44

to muse, *méditer, rêver,* 68, 138

N

nasty, *méchant, mauvais, sale* (fig.), 89

needs must, (expression toute faite) *nécessité fait loi,* 117

neighbourly, *obligeant, de bon voisinage,* 141

to nip, *couper, tailler* (fleur) ; *faire échouer,* 26

to nip up, (fam.) *foncer, se grouiller, se magner,* 45, 120

nonplussed, *interloqué, pris de court,* 119

to nose about, *fureter, fouinasser,* 65

notice, *avis, annonce,* 52

notorious, *notoire, célèbre ; de triste notoriété,* 109

notoriously, *funestement,* 109

novel, *roman,* 28

O

oar, *aviron,* 123

to occur, *survenir, avoir lieu, arriver,* 64

offensive, *offensant ; malsonnant, injurieux,* 116

official (n.), *fonctionnaire ; agent,* 127

offing (in the), *au large ;* (fig.) *imminent,* 60

old devant nom, *ce vieux, ce brave (vieux),* 14

old bean (the), *la caboche, le ciboulot,* 19

obl boy, *vieux* (nom d'amitié) ; *ancien* (école, régiment), 21

old buster (the), *vieux sauteur, gredin,* 92

old folks (the), *les vieilles personnes, les « vieux », les « patrons »,* 99

old lemon (the), *la tête, le citron, la caboche,* 48

on edge, *à cran, à bout de nerfs,* 52

outrage, *outrage, scandale,* 32

over and over, *à mainte reprise,* 78

to overhear, *surprendre, entendre par hasard,* 69

overwrought, *excédé, surexcité, surmené,* 129

owing to, *eu égard à, du fait de,* 92, 105

P

pack, *paquet, ballot ; bagage(s) ; bande, meute,* 124

pad, *coussinet ; rembourrage ; tablette à écrire,* 102

parrot, *perroquet,* 116

to pass, *passer ;* (examen) *réussir,* 117

to pat, *tapoter, donner une tape,* 120

peeved, *fâché, irrité,* 31

perishing, *fatal, périssable ;* (euph. fam. pour **bloody**) *sacré, fichu,* 110

pile, *pile, monceau, tas ; « magot »,* 125

pin, *épingle ; cheville, goupille ; fiche ; quille,* 141

pippin, *pomme reinette,* 113

to pluck, *arracher ; plumer, cueillir,* 123, 139

to point out, *mettre en évidence, souligner,* 40

to pop off, *disparaître sans crier gare,* 73

to pop (up), *surgir* (comme un diable de sa boîte), 51, 65, 123

to potter (round), *s'occuper de vétilles ; traînasser,* 57

to potter about, *bricoler,* 57

premises, *locaux, lieux ;* **on the ~ ,** *sur place,* 90

presently, *bientôt,* 18, 30, 101

to pretend, *feindre, faire semblant, affecter,* 43

to proceed (to), *procéder (à), se mettre (à), entreprendre (de),* 107

propriety, *caractère de ce qui est* appropriée, *propriété,* 35

to prune, *élaguer ; couper,* 103

publicity, *caractère public des choses, publicité,* 75

purpose, *propos, intention, dessein, but,* 16, 116, 121, 138

to pull oneself together, *se reprendre, se ressaisir,* 26

to push off (fam.), *mettre les voiles, se carapater, filer,* 101

Q

to question, *interroger ; mettre en doute,* 56

quid (argot, pas de **s** au pl.), *biffeton d'une livre,* 137

R

ratepayer, *contribuable* (assujetti aux impôts locaux), 104

to rattle, *cliqueter,* 66

raw, *cru,* 19

to read for the Bar, *faire son droit,* 102

to recall, *se souvenir, se remémorer,* 54

receipt, *reçu ; réception,* 54

recess, *interruption ; recoin,* 13

to recollect, *se rappeler, se remémorer,* 54

recollections, *souvenirs, mémoires,* 33

to recover, *guérir, se remettre,* 122

redeemed, *racheté, sauvé,* 79

red-handed, *la main dans le sac, sur le fait,* 142

referee, *arbitre,* 123

to register, *enregistrer ; mettre en recommandé,* 57

registry office, *bureau de placement,* 15

relative, *parent, allié,* 92, 116

relish, *goût, saveur ; satisfaction,* 139

reminiscences, *réminiscences, souvenirs,* 33

to remove, *déplacer, enlever,* 68

reprimand, *réprimande, blâme,* 93

to resent, *s'irriter de, prendre mal,* 122

to rescue, *sauver, secourir, délivrer,* 139

to resign, *démissionner,* 20

resignation, *démission,* 20

rib, *côte* (anatomie), 134

to ride, *monter à cheval, chevaucher ; rouler en voiture,* 132

roll, *rouleau ; petit pain,* 139

rotten, *pourri,* 60

rough, *rude, rugueux ; grossier, mal équarri,* 143

row [rau], *chahut, tapage ; dispute,* 78

row [rəu], *rangée, ligne, colonne,* 95

r(h)um, *bizarre, étrange,* 23

rummy, *bizarre, étrange,* 14, 22

S

to sack, *virer, mettre à la porte,* 76

salmon, *saumon,* 121

schedule, *horaire ; plan, programmation,* 41

scheme, *plan, stratagème, dispositif, méthode,* 29

scrap, *querelle, bagarre, rixe,* 125

to seal, *sceller,* 130

to search, *inspecter, fouiller,* 65

semi-detached (house), *(maison) mitoyenne, jumelle,* 95

settee, *canapé,* 11

to shake down, *secouer ;* (fig.) *taper,* 92

share, *part ; action* (bourse), 132

to shift, *changer de place, déplacer, bouger,* 48, 63, 112

to shimmer, *trembler, vaciller ; disparaître* (lueur) *; miroiter, jeter une faible lueur,* 23, 66

shiver, *frisson, tremblement,* 45

to shoot, *chasser* (au fusil) *; tirer, abattre,* 21

to shoot into, *faire une piqûre, injecter,* 18

shooting coat, *veste de chasse,* 21

shortish, *pas très grand, plutôt petit,* 87, 113

shoulder-blades, *omoplates,* 105

to shove, *jeter, lancer,* 123

to shove off (fam.), *se tirer,* 137

to sicken, *rendre malade, écœurer,* 122

sickening, *écœurant, révoltant,* 122

to sink, *sombrer,* 58

to sit for an examination, *passer un examen,* 117

to slip, *glisser ; commettre une étourderie,* 138

to sketch out, *dessiner à grands traits, esquisser,* 143

to skin, *écorcher, dépouiller,* 29

to slay, *assassiner,* 50

to slew, *pivoter, virer,* 118

snag, *écueil caché ; obstacle, piège, accroc, « pépin »,* 90

snappy, *irritable ; enjoué,* 132

to snatch, *attraper, saisir d'un geste vif, dérober,* 44

to sneak, *chaparder,* 15, 127

to sneer, *railler,* 129

to snip off, *tailler, couper,* 48

to snort, *renâcler, s'ébrouer,* 129

snug, *douillet,* 101

to soak, *tremper, inonder,* 80

to soak through, *s'infiltrer,* 80

sound (adj.), *sain, solide, vigoureux,* 25

so to speak, *pour ainsi dire, en quelque sorte,* 22, 69

soul-testing, *éprouvant, qui met l'âme à rude épreuve,* 89

to sow, *semer,* 29

spectacle, *spectacle,* 65, 137

spectacles, *lunettes,* 65, 137

to sport, *jouer ; arborer, porter,* 93

spot, *point, pois ; lieu ; tache,* 97

to spread, *étaler,* 145

to spring, *jaillir, bondir,* 143

to squash, *écraser, écrabouiller, aplatir,* 60

to stab, *porter un coup de couteau,* 28

to stagger, *avoir une démarche chancelante,* 17

to stand alone, *se dresser seul, être unique en son genre,* 14

stern, *sévère, dur, (à l'air) sérieux,* 113

to stick, *coller ; endurer, supporter,* 15, 58

stiff, *raide ; corsé,* 29

to stir, *remuer, bouger ; touiller,* 60

stone deaf, *sourd comme un pot,* 115

store, *réserve ; entrepôt, magasin,* 144

stranger, *inconnu, étranger,* 103

to strike, *frapper,* 42

to strike a note, *jouer une note,* 131

stroll, *balader, flânerie,* 58

to stroll, *se balader, flâner,* 59

stuck-up, *poseur, prétendieux,* 124

stuff, *matière, étoffe ; affaire, chose,* 109, 111

to stutter, *bégayer, bafouiller,* 127

to suck, *sucer,* 80

to stuffer, *souffrir ; tolérer, supporter,* 71

suit, *procès, poursuite,* 129

suitor, *plaideur ; soupirant,*
129

to swerve, *onduler,* 54

to swig, *boire à grands traits,*
siffler, lamper, 142

to swing, *se balancer,* 72

to swing round, *se retourner,*
pivoter ; faire un tête-à-
queue, 72

swivel, *pivot,* 98

sympathetic, *plein de com-*
passion, 18, 100

T

to take charge, *prendre les*
choses en mains, prendre le
relais, 13

tap, *robinet ;* **on tap** *(bière) à*
la pression, 145

to tender one's resignation,
présenter sa démission, 20

tenner (fam.), *billet de dix*
(livres), 92

theft, *vole, larcin,* 62

thief (thieves), *voleur(s),* 62

thingummy, *truc ; machin,*
27

thorough, *qui va au bout des*
choses, complet ; minu-
tieux, 41

tidy (adj.), *rangé, propre et*
net, 46

to tidy (v.), *ranger, mettre en*
ordre, 46

till, *(tiroir-)caisse,* 127

tip, *bout, extrémitié,* 137

tithe, *dîme, partie infime,* 133

to toast, *rôtir, griller ; boire à*
la santé de, 102

to toddle up, *trottiner ; mar-*
cher en chancelant, 140

tolerably, *passablement,* 68

topper, *type de première, gars*
comme ça, 69

topping, *excellent, chouette,*
« *super* », 58

tort, *préjudice,* 103

touch, *touche ; emprunt*
d'argent, 117

to touch off, *déclencher,* 19

treacherous, *perfide, traître,*
102

trial, *jugement, procès ;*
épreuve, 126

to trickle, *couler en mince*
filet, goutter, 30, 52, 106

trifle, *petit rien, soupçon ;*
bagatelle, 61

trying, *éprouvant,* 76

to twiddle, *tortiller, tournico-*
ter, 134

twist, *tortillon, vrille ; tournis,*
107

U

under-gardener, *aide-jardi-*
nier, 81

unswerving, *inébranlable,*
constant, ferme, 54

unsuitably, *d'une manière*
inadaptée, 76

uplift, *soulèvement, élévation,*
95

V

to valet for sb, *être au service*
de qqn (comme valet), 23

valuable (adj.), *de valeur, de*
(grand) prix ; (n.) *objet pré-*
cieux, 71

vapid, *insipide, sans saveur,*
38

vet, *vétérinaire ;* on trouve
aussi **veterinary surgeon,**
112, 134

viz. = namely, *c'est-à-dire,*
145

W

weight, *poids,* 107

whale, *baleine,* 103

what's-its-name, *machin-
chose ; truc,* 27
wheeze, *truc ; refrain éculé,*
26
to whinny, *hennir,* 133
to whip, *fouetter,* 98
wild, *sauvage, farouche ;
déchaîné,* 75
wild oats, *folle avoine,*
wire, *fil métallique, fil de fer
ou de cuivre ; câble, télégramme,* 88
to wire, *télégraphier, câbler,*
63

woe, *malheur,* 107
worthwile, *qui vaut la peine,*
73
to wreathe, *ceindre, couronner,* 91

Y

to yell, *hurler, crier à tue-tête,*
74
to yip, *pousser un « youpie ! »,*
121
yowl, *hurlement* (d'animal),
133

Cet ouvrage a été composé par TÉLÉ-COMPO - 61290 BIZOU

*Achevé d'imprimer en octobre 1990
sur les presses de Cox and Wyman Ltd
(Angleterre)*

Dépôt légal : novembre 1990